连平县革命老区发展史

连平县革命老区发展史编委会 编

SPM 南方出版传媒 广东人民出版社
·广州·

图书在版编目（CIP）数据

连平县革命老区发展史 / 连平县革命老区发展史编委会编. —广州：广东人民出版社，2021.12

（全国革命老区县发展史丛书·广东卷）

ISBN 978-7-218-15367-4

Ⅰ.①连…　Ⅱ.①连…　Ⅲ.①连平县—地方史　Ⅳ.①K296.54

中国版本图书馆CIP数据核字（2021）第225051号

LIANPING XIAN GEMING LAOQU FAZHANSHI

连平县革命老区发展史

连平县革命老区发展史编委会　编　　　　　　版权所有　翻印必究

出　版　人：肖风华

责任编辑：李丽珊
装帧设计：张力平等
责任技编：吴彦斌　周星奎

出版发行：广东人民出版社
地　　址：广州市海珠区新港西路 204 号 2 号楼（邮政编码：510300）
电　　话：（020）85716809（总编室）
传　　真：（020）85716872
网　　址：http：//www.gdpph.com
印　　刷：广州市浩诚印刷有限公司
开　　本：715mm×995mm　1/16
印　　张：16.125　　插　页：10　　字　数：250 千
版　　次：2021 年 12 月第 1 版
印　　次：2021 年 12 月第 1 次印刷
定　　价：88.00 元

如发现印装质量问题，影响阅读，请与出版社（020-85716849）联系调换。
售书热线：（020）85716826

广东省编纂《革命老区县发展史》丛书
指导小组

组　　长：陈开枝（广东省老区建设促进会会长）

副组长：林华景（广东省老区建设促进会常务副会长）

　　　　宋宗约（广东省农业农村厅副二级巡视员、广东省
　　　　　　　老区建设促进会副会长）

　　　　刘文炎（广东省老区建设促进会副会长）

　　　　郑木胜（广东省老区建设促进会副会长）

　　　　姚泽源（广东省老区建设促进会副会长兼秘书长）

　　　　谭世勋（广东省老区建设促进会副会长）

　　　　廖纪坤（广东省农业农村厅总经济师）

办公室

主　　任：姚泽源（兼）

副主任：韦　浩（广东省农业农村厅扶贫协作与老区建设处
　　　　　　　处长）

　　　　柯绍华（广东省老区建设促进会副秘书长）

　　　　伍依丽（广东省老区建设促进会副秘书长）

《连平县革命老区发展史》编纂委员会

主　　　任：陈贤亮（中共河源市委常委、河源市委政法委书记、中共连平县委书记）

第一副主任：林文泉（中共连平县委副书记、连平县政府县长，2018年2月至2021年8月）

邓小强（中共连平县委副书记、连平县政府县长，2021年8月起）

邓　山（中共连平县委副书记，2021年8月起）

副　主　任：吴　卫（中共连平县委常委、宣传部部长，2018年2月至2021年8月）

邹永东（中共连平县委常委、组织部部长，2018年2月至2021年4月）

谢国定（中共连平县委常委、连平县政府常务副县长，2021年2月至7月）

黄运腾（中共连平县委常委、连平县政府常务副县长，2021年8月起）

张志勇（中共连平县委常委、宣传部部长、统战部部长，2021年8月起）

吴秋菊（中共连平县委常委、组织部部长，2021年8月起）

刘月金（连平县老促会名誉会长）

吴武光（连平县老促会会长）

成　　员：邱建忠　叶阳东　黄　新　肖志军　刘志明

　　　　　谢世威　潘继红　熊志杰　江房武　黄镇青

　　　　　卢东宁　周志勇　黄树强　黄日千　曾力文

　　　　　曾少艺　黄　威　曾智生　张永集　刘小永

　　　　　曾景琦　赖学雷

办公室

主　　任：吴武光

副　主　任：赖学雷　黄日千

编辑部

名誉主任：刘月金

主　　任：吴武光

副　主　任：赖学雷　黄日千

编　　撰：黄日千

成　　员：袁树浓　陈宜芳　周志亮　吴志敏　丘立文

在举国欢庆新中国成立 70 周年前夕，中国老区建设促进会王健会长请我为《全国革命老区县发展史》丛书作序，作为一名在老区战斗过并得到老区人民生死相助的老兵，回首往事，心潮澎湃，感慨万千，深感义不容辞，欣然应允。

中国革命老区，是以毛泽东为代表的中国共产党人在领导人民推翻帝国主义、封建主义和官僚资本主义三座大山，争取民族独立和人民解放伟大斗争中建立的革命根据地，在这片红色的土地上，诞生了无数可歌可泣的革命英雄儿女，为后人树起了一座不朽的丰碑，她是新中国的摇篮，是党和军队的根。

在艰苦卓绝的战争年代，老区人民把自己的命运与中华民族的命运紧紧地联系在一起，与中国共产党和人民军队的命运紧紧地联系在一起，他们生死相依，患难与共。我曾亲历过战争年代，并得到过老区红哥红嫂的救助，切身感受到发生在身边的一幕幕撼天动地的革命故事，在那极其艰难的条件下，老区人民倾其所有、破家支前，不怕艰难困苦，不怕流血牺牲。"最后一碗米送去做军粮，最后一尺布送去做军装，最后一件老棉袄盖在担架上，最后一个亲骨肉送去上战场"，这是当时伟大的老区人民为建立新中国做出巨大牺牲的真实写照，它将永远镌刻在中国共产党、中国人民解放军、中华人民共和国的历史丰碑上。他们的光辉业绩永载史册，他们的革命精神必将影响一代又一代的革命新人，造就一代又一代的民族脊梁。

在社会主义革命和建设时期，革命老区和老区人民响应党的号召，面对落后的面貌、脆弱的经济、恶劣的生态环境，他们本色不变，精神不丢，自力更生，艰苦奋斗，干一行爱一行。始终坚持"革命理想高于天"，自觉做共产主义远大理想的坚定信仰者和忠实实践者，勇于向恶劣的自然环境和贫穷落后宣战，他们在各条战线上为国建功立业，用平凡的双手创造了一个又一个不平凡的奇迹，彰显了老区人的崇高精神和人格力量。

在改革开放的伟大进程中，老区人民解放思想，勇于创新，发奋图强，攻坚克难，老区的经济社会建设取得了辉煌成就。特别是在改变中国的面貌、中华民族的面貌、中国人民的面貌、中国共产党的面貌的伟大实践中发挥了至关重要的作用。老区人民既是改革开放的参与者，也是改革开放的推动者。

艰苦练意志，危难见精神。老区人民在近百年的革命战争、社会主义建设和改革开放的伟大实践中，孕育形成了伟大的老区精神：爱党信党、坚定不移的理想信念；舍生忘死、无私奉献的博大胸怀；不屈不挠、敢于胜利的英雄气概；自强不息、艰苦奋斗的顽强斗志；求真务实、开拓创新的科学态度；鱼水情深、生死相依的光荣传统。这是党和人民宝贵的精神财富、丰厚的政治资源，是凝心聚力、振奋民族精神的重要法宝，也是社会主义核心价值观的重要内容。

中国老区建设促进会怀着强烈的政治责任感和历史使命感，组织全国各地老促会人员克服困难，尽心竭力编纂《全国革命老区县发展史》丛书，记录老区的光辉历史和辉煌成就，传承红色基因，弘扬老区精神，是功在当代，利及千秋的一件大事。手捧这部丛书的部分书稿，读着书中的故事，倍感亲切，深感这部丛书具有资政、育人、存史的社会功能，有着重要的时代和历史价值。它是不忘初心、牢记使命的源头活水，是赞颂共产党、讴歌老区人民的一部精品力作，是弘扬老区精神、传承红色记忆的丰厚载体，是一项继承优秀传统文化、弘扬革命文化、发展社会主义先进文化，坚定"四个自信"的宏大文化工程。它必将成为一种文化品牌，为各界人士了解老区宣传老区支持老区提供一部有价值的研究史料。希望读者朋友们能从中了解并牢记这些为党和民族的利益不断奉献的老区人民，从中得到教益，汲取人生奋斗的精神动力。

新时代赋予新使命，新起点开启新征程。让我们更加紧密地团结在以习近平同志为核心的党中央周围，坚持以习近平新时代中国特色社会主义思想为指导，增强"四个意识"，坚定"四个自信"，做到"两个维护"，弘扬老区精神，铭记苦难辉煌。为实现"两个一百年"奋斗目标，实现中华民族伟大复兴的中国梦作出新的更大的贡献！

2019 年 4 月 11 日

    2017 年 6 月，中国老区建设促进会组织全国各地老促会启动编纂《全国革命老区县发展史》丛书，按照"建立中国共产党、成立中华人民共和国、推进改革开放和中国特色社会主义事业"三大里程碑的历史脉络，系统书写革命老区百年历史，深入挖掘革命老区红色文化资源，这对于充实丰富中国革命史籍宝库、在新时代传承红色基因、弘扬革命精神、强固根本，对于激励人们在新的历史条件下夺取中国特色社会主义伟大胜利，实现中华民族伟大复兴的中国梦具有重要意义。

    丛书编纂以习近平新时代中国特色社会主义思想为指导，以《中国共产党历史》《中国共产党的九十年》等重要文献为基本依据，以党的领导为核心，以老区人民为主体，以老区发展为主线，体现历史进程特征，突出时代发展特色，坚持辩证唯物主义和历史唯物主义相统一、历史真实性与内容可读性相统一的原则，书写革命老区从站起来、富起来到强起来的光辉革命史、不懈奋斗史、辉煌成就史，把老区人民的伟大贡献、伟大创造、伟大成就、伟大精神充分展示出来，形成一部具有厚重历史特征和鲜明时代特色的精品力作。这是一部培根铸魂、守正创新，既为历史立言，又为时代服务，字里行间流淌着红色血脉、催生着革命激情的传世之作。丛书的编纂出版将成为讴歌党讴歌人民讴歌时代、传播红色文化、为革命老区和老区人民树碑立传的重要载体。

　　丛书按照编年体与纪事本末体相结合、以编年体为主的编写体例确定框架结构；运用时经事纬、点面结合的方式记述史实；坚持人事结合、以事带人的原则处理人与事的关系；采取夹叙夹议、叙论结合以叙为主的方法展开内容。做到了史料与史论、历史与现实、政治与学术统一，文献性、学术性、知识性相兼容。

　　为编纂好《全国革命老区县发展史》丛书，打造红色文化品牌，中国老区建设促进会认真组织积极协调，提出政治立场鲜明、史料真实准确、思想论述深刻、历史维度厚重、时代特色突出、编写体例规范、篇目布局合理、审读把关严格、出版制作精良的编纂出版总要求，力求达到革命史籍精品的精神高度、思想深度、知识广度、语言力度，增强丛书的权威性和社会影响力。各省（区、市）、市（州、盟）、县（市、区、旗）老促会的同志，以强烈的使命感、责任感和紧迫感，勇于担当，积极作为，认真实施，组织由老促会成员、专家学者等参加的十余万人编纂队伍。编纂工作主体责任在县、市，省组织协调、有力指导、审读把关。各方面人员以高度负责的精神和科学严谨的态度，满腔热情地投入工作，为丛书编纂出版做出了重要贡献。丛书编纂工作还得到了党和国家有关部委、地方各级党委政府及有关部门的大力支持和积极参与，社会各界也给予了热情帮助。中共中央政治局原委员、中央军委原副主席、原国务委员兼国防部长迟浩田上将，对老区人民怀有深厚感情，对革命老区建设发展十分关注，欣然为《全国革命老区县发展史》丛书作总序。

　　丛书由总册和1599部分册（每个革命老区县编纂1部分册）组成，共1600册。鉴于丛书所记述的史实内容多、时间跨度长和编纂时间紧，不妥之处，敬请批评指正。

中国老区建设促进会

● 红色写真 ●

连平县人民群众庆祝忠信镇解放和连平县委、县政府成立。摄于1949年

连平县忠信镇解放时的县、区领导合影。摄于1949年

中国人民解放军粤赣湘边纵队东二支一团直属一
连全体指战员合影。摄于1949年

连平县第一个党支部——中共湖东小学党支部旧址

中共连平县工作委员会革命斗争史展馆

连平县忠信镇柘陂村华南小学革命旧址

忠信中学革命活动旧址

叶剑英率建国粤军第二师进攻连平之战斗遗址

中共九连山区临时工作委员会旧址（局部）

九连山游击根据地玛丽医院（红军医院）旧址

天溪輋粤赣边支队电台遗址

粤赣边支队电台、粤赣报社遗址（立碑后）

塔岭战斗遗址

狮脑山战斗遗址

余屋反"围剿"战斗旧址

大湖、三角战役革命烈士纪念碑

塔岭烈士墓园

● 老区嬗变 ●

1960年连平县革命老区内莞公社修水利，工人在峭壁上作业。摄于1960年左右

日新月异的城市建设。图为连平县城一角

连平县革命老区大力发展特色农业。图为高山茶种植基地

连平县革命老区大力发展特色水果，建成了"十里长廊，万亩果园"的
中华鹰嘴桃基地，被评为"中华鹰嘴桃之乡"，果农过上了甜蜜的生活

连平县革命老区充分利用生态优势，发展大棚蔬菜。图为大棚蔬菜一角

革命老区村三角镇石源村在乡村振兴中建设的荷花旅游观赏基地

三角镇阳江村引进的外资企业

连平县革命老区新农村面貌

宽阔平坦的老区村柏油村道

内莞镇的沿河绿道

忠信镇柘陂村文化广场

三角镇阳江村党建公园

大湖中学优美的校园一角

大湖中心卫生院

忠信花灯是国家级和省级非物质文化遗产，从1999年至今，连平共
举办了十届广东连平忠信花灯节和两届河源市忠信花灯民俗文化节

田源镇风光涟漪的河头风景区

内莞镇的自然风光

2017年1月29日，连平县革命老区镇大湖镇、绣缎镇、三角镇成立教育慈善促进会，筹集了教育慈善基金1100多万元，每年都开展"金秋助学"活动，为烈士后裔、贫困学生发放奖励、助学金。图为连平县大湖、绣缎、三角镇革命老区教育慈善会成立现场

微信扫描二维码
您立即开展本书的
延伸阅读。

connect

　　连平县根据中国老区建设促进会和广东省老区建设促进会的部署，组织编写了《连平县革命老区发展史》一书。《连平县革命老区发展史》的编写，坚持以习近平新时代中国特色社会主义思想为指导，以《中国共产党历史》《中国共产党的九十年》等重要文献为基本依据，坚持尊重历史、实事求是的原则，突出发展为主线、老区人民为主体、老区新面貌为基调。

　　本书编纂内容突出发展特点。坚持以党的领导为核心，以老区人民为主体，以老区发展为主线，按照站起来、富起来、强起来的历史进程，充分写好老区的光辉革命史、不懈奋斗史、辉煌成就史。在史料使用方面努力做到真、准、实。真实、准确、翔实的史料是史书的重要基础。本书对重要历史史料、重大历史事件、重要历史人物坚持以事实为依据，以历史和时代眼光来审视，精心筛选，认真考证，严格划定，表述准确，凡是拿不准的不写，有争议的不写，没有做出结论的不写。在编写体例上，采用编年与纪事相结合、经纬相结合，以时间为经、以历史为纬进行编写。

　　《连平县革命老区发展史》是"全国革命老区县发展史"丛书之一。以史为鉴，资政育人。《连平县革命老区发展史》的付梓，将为连平革命老区人民在新时代续写新的历史发展新篇章凝心聚力，不忘初心、牢记使命、发扬革命传统，争取更大光荣，描绘老区发展更加绚丽的新篇章。

《连平县革命老区发展史》编委会

2021年10月

1

第一章
区域与革命老区概况

区域基本情况

一、概况

连平县地处广东省北部，河源市西北部，东江流域上游。东邻和平县，南连东源县、新丰县，西接翁源县，北与江西省龙南市、全南县交界。位于东经114°14′14″～114°56′51″，北纬24°05′48″～24°28′08″之间。县境东西长约72.4千米，南北宽约55.6千米，总面积2275.25平方千米。县城距省会广州市217千米、河源市102千米，国道105线和358线、省道253线和341线、大广高速、汕昆高速、武深高速、粤赣高速贯穿境内，为国道105线和大广高速公路入粤第一县。

2018年，全县户籍总人口413813人，其中乡村人口258167人，占全县户籍总人口62.39%；城镇人口155646人，占37.61%。

二、地形地貌

连平县地处粤北九连山区，境内地形复杂，山丘绵亘，地势北高南低、西高东低，九连山脉在境内自北分别向西和西南方向延伸，平均海拔为693.5米。两大水系（东江水系、北江水系）、6条主要河流（连平河、大席河、忠信河、大湖河、陂头河、贵东河）纵横全境，为东江流域主要源头之一。北、中部多为中低山，西南部大多是丘陵地带，东南部以谷底盆地为主。山地、丘陵、盆地占全县总面积的90%以上。

根据地貌形态特征，县内地貌大致可分为北、中部山地区，西南部丘陵区，东南部谷底盆地区，以及陂头、内莞喀斯特地形区。

三、气候水文

连平县属中亚热带季风气候，气候温和，四季分明。境内河流分属东江、北江两大水系。东江水系河流有连平河、大席河、忠信河和大湖河，是东江流域重要水源地。流域面积1965.5平方千米，占全县土地总面积的86.39%。大小支流57条，其中集雨面积10平方千米以上支流42条。北江水系河流有陂头河和贵东河。流域面积313.4平方千米，占全县土地总面积的13.77%。大小支流11条，其中集雨面积10平方千米以上支流7条。境内地下水资源比较丰富，水质良好，全县地下水平均每日涌水量8873.76吨。

境内有大小河流68条，其中集雨面积100平方千米以上的河流8条（东江水系的连平河、大席河、崧岭河、忠信河、大湖河、高陂河，北江水系的陂头河、贵东河）。年均水资源总量20.15亿立方米，人均水资源量5739立方米。水力资源理论蕴藏量15.51万千瓦，可开发量10.1万千瓦。

四、生态资源

连平县是"广东省生态县"和"国家级生态示范区"，具有良好的生态环境和丰富的旅游资源，这里"无山不绿，有水皆清，四季飘香，万壑鸟鸣"，神奇的山水画卷，梦中的"香格里拉"，是一块富有吸引力的旅游胜地。粤东北第一高峰黄牛石，闻名遐迩的上坪万亩桃园，天然雕琢的圣迹苍岩，激情无限的新河漂流，风情浓郁的忠信花灯……构成了特色迥异的九连山生态休闲旅游胜地。"连平老八景"为西山瀑布、圣迹苍岩、丹灶虬松、戈罗耸翠、南楼野眺、龙岩喷雨、梧峰樵唱、仙塔遗踪，现存的有西山瀑布、圣迹苍岩、龙岩喷雨、戈罗耸翠、梧峰樵唱。"连平新八景"为圣迹苍岩、黄牛仙峰、银梅峰林、西山瀑布、新河泛绿、上坪桃源、戈罗耸翠、六祖禅踪。

连平野生动植物资源丰富、种类繁多，有高等植物2500余种，蕨类植物250余种；鸟兽类150余种，昆虫类800余种。据《中国大百科全书》中的"九连山"条目载：连平县境内九连山是南岭山地东部一个典型的亚热带森林生态系统地区，亚洲东部温带—亚热带植物区系的代表区域，也是东亚植物区的发源地。

连平矿产资源丰富。现已探明，连平县境内分布的矿产有5类30多种，主要矿床、矿化点达65处。计有煤、铁、铜、铅、锌、锡、钨、金、银、磷、石墨、黏土、稀土、陶瓷土、大理石、硅石、白云岩、石灰岩、玄武岩、辉绿岩、花岗岩等。连平县是广东省黑色金属和有色金属储量较为丰富的一个县，其中铁矿和镍矿储量为广东规模最大，被誉为"粤北有色金属之乡"。华南地区铁矿石储量最大的河源大顶铁矿位于连平县油溪镇境内。

近几年来，连平县践行"绿水青山就是金山银山"发展理念，实施打好污染防治攻坚战三年计划。坚持保护与治理并重，全面推行"河长制"，设立三级河长537名，实现河长体系全覆盖、河长巡河常态化。在全市率先开展河流水面漂浮物和沿岸垃圾专项治理行动，清理河长897千米。启动全县推进村镇生活污水处理设施和11个镇级简易生活垃圾填埋场整改工程建设，建成污水处理设施56座、垃圾收集点2629个，农村生活垃圾有效处理率达94.41%，城乡环境卫生不断改善。加强林业生态建设，扎实开展新一轮绿化连平大行动，实现全县林地监控全覆盖，森林火灾受害率远低于省控1‰指标。加大环保执法监管和环境综合整治力度，完成年度节能减排任务。生态环境质量居全省前列，实现地表水水质优良率100%、饮用水水质达标率100%、环境空气质量达标率96%。大湖马鞍塘万亩生态示范区、上坪万亩鹰嘴蜜桃、内莞千亩三华李、溪山千亩百香果、油溪五千亩高山茶、河角坪万亩蔬菜、绣缎万亩油茶等基地逐渐形成规模，九连山精米、九连山饮用水、连平鹰嘴蜜桃、连平高山云雾茶、绣缎油茶、河角坪无公害蔬菜等一批绿色食品、有机食品成为连平独特生态品牌。

五、荣誉称号

连平县先后获得"国家级生态示范区""中国宜居宜业示范县""全国环境综合整治先进县""全国法治县创建先进单位""全国文明县城""中国鹰嘴蜜桃之乡""全国国土资源节约集约模范县""广东省文明县城""广东省卫生城镇""广东省生态县""广东省双拥模范县""广东省教育强县""广东省林业生态县""广东省客家花灯艺术之乡""广东省可持续发展试验区""广东省现代农业技术示范县"等称号。

第
二
节

历史沿革

一、政区沿革

连平县史称连平州。连平未建州前，春秋战国时期（公元前770—前221年）属百越之地。秦始皇三十三年（公元前214年），属南海郡，为龙川县地。秦二世元年（公元前209年），属南越地。汉武帝元鼎六年（公元前111年）至三国时期（220—280年），属南海郡龙川县、桂阳郡（今湖南郴州市）浈阳县（今广东英德县）地。东晋时期（317—420年），属东官郡（今广东省东莞市）。南朝齐高帝建元二年至明正德十二年（480—1517年），连平先后分属河源、浈阳、龙川、循州、翁源县地。明正德十三年至崇祯六年（1518—1633年），连平分属河源、翁源、长宁（新丰）、和平县地。

明崇祯七年（1634年），设连平州。

据史料分析，连平置州的主要原因有两个方面：其一，九连山地区历次农民起义，沉重打击了封建统治，封建朝廷为巩固其统治，故设州治；其二，连平地理位置特殊，自古就是连接粤赣湘的边陲之地，通衢出口，军事要塞。

据史料载，历史上九连山地区曾经爆发过三次农民大起义。明朝后期，朝政腐败，民不聊生，社会矛盾激化，为反抗封建统治，农民起义风起云涌。其间，九连山地区就曾先后爆发三次农民起义。明正德十一年（1516年），和平浰头池仲容揭竿而起，起义军杀贪官、惩污吏，把粤赣湘三省边境州县震得地动山摇，官衙上下惊慌失措。嘉靖三十三年（1554年），连平隆街李亚元率众起义，起义军以十八洞为据点，数年间发展到龙川、河源、翁源等县，沉重打击了封建统治，嘉靖四十五年（1566年）朝廷令赣南总兵俞大猷率8万官兵分五路围剿，历时3个月。崇祯三至四年（1630—1631年），连平九连种绞股蓝工人推荐陈万为首领，在九连担杆滩揭竿起义，陈万率起义军出和平热水，由龙南太平堡攻乐昌，破始兴，直逼江西泰和，朝廷急令闽、赣、湘三省会剿。

据《广东省百科全书》载：连平东北有九连山，环通九县，明隆庆后因连平境内农民起义，官军讨之，累年始平，遂以九连克平定名连平。明崇祯七年（1634年），奉旨割惠州府和平县之惠化图、河源县之忠信图、长宁（新丰）县之长吉图，韶州府翁源县之东桃、银梅两铺（后称银梅图），置连平州。州治设在元善镇，辖和平、河源两县，属惠州府。《鼎建连平州治碑记》载："连平建县，即和平、河源等县耳，画疆而守，痛痒既非同体，应援终是隔藩，惟连平为州，而以河和两县为属……""由于诸方面而鼎立具奏，崇祯七年十一月初元，明朝廷即颁旨：牟应受准升连平州知州……铸给各印及该州河源，长宁二县改属虔抚俱依议。"这是连平建州的开始。连平建州后，明、清朝廷便在此屯兵戍边。明崇祯七年十一月，朝廷颁下圣旨，牟应受（贵州省安顺府贵筑县人，拔贡出身）任连平州第一任知州。次年（明崇祯八年）四月牟应受由广东省永安县县令赴任连平州第一任知州。

清宣统三年（1911年）九月，连平改州为县，属惠州府。1914年6月，属潮循道，1925年，属东江行政区，1936年9月，属第六区（区址：韶关），1947年，改属第七区（区址：兴宁）。

1949年6月2日，连平县人民政府在忠信长安旅店成立。6月25日，县人民政府迁至元善镇。

1949年10月1日，中华人民共和国成立，连平属东江专区（区址：惠州）。1952年，改属粤北行政区（区址：韶关）。1956年，改属惠阳专区。1958年11月，连平、和平两县合并，仍称连平县，隶属韶关专区。1959年11月，陂头（包括贵东）划给翁源县辖。1960年4月，隆街（包括田源、溪山、崧岭）划给新丰县辖。7月，惠化、上坪划给新丰县辖；连平县委、县政府机关迁至和平阳明镇，连平县改称和平县，隶属韶关专区。1962年6月，原划给新丰、和平两县的公社（镇）重归连平，恢复连平县建制，仍属韶关专区，县委、县政府机关设在元善镇。1963年6月，连平县改属惠阳专区。1967年6月，陂头（包括贵东）从翁源县划归连平县辖。至此，原连平县境复原。1988年1月，河源市成立，连平县属河源市管辖。

二、现行区划

2019年，连平县下辖13个镇（上坪、内莞、元善、陂头、溪山、隆街、田源、油溪、忠信、高莞、大湖、三角、绣缎），16个社区，159个行政村。

人文社会

一、古州连平

连平历史悠久，古遗址众多。根据文物普查资料，已发现古遗址25处，收集石器标本数百件、陶器及陶片一大批。同时发现窖藏遗址、圩镇遗址、兵防遗址、作坊遗址等古遗址18处。分布于元善、陂头、上坪、溪山、田源、隆街、忠信、大湖、绣缎等地，标志着早在远古时期，连平就有人类聚居和活动。

1983年文物普查发现，在众多遗址中，最具代表性的是距连平城1千米处的黄潭寺遗址，遗址面积约1.5万平方米。

1987年为配合国道105线建设，省考古队、县博物馆对公路经过位置及遗址中心进行了考古发掘，发现和收集了大量的石器和陶片。石器类主要有用以狩猎、防卫、砍砸、装饰等的镞、锛、戈、凿、环、刀等。陶器多为生活炊器、盛器、纺织用器等，以夹砂陶为主，有少量的磨光陶。而器物则以三足器和圈足器为主，器形以鼎为主，其次为豆、盘、罐、钵和纺轮。纹饰以方格纹、错叠曲折纹、复线方格纹为主。此外，还发现了大量古人类筑造居住的木柱洞、灰坑、灰沟等。从出土的文物来看，这些器物磨制精细，选料到制作等都有一整套工艺程序。数千年前有如此精湛的工艺，实为石器文化之瑰宝。

黄潭寺遗址具有新石器晚期的特征，同广东古文化的代表——曲江县马坝石峡文化基本相同或相似。在岭南新石器文化发展的谱系中属同一时期的遗存，反映了连平远古文化与各地有着密切的联系以及延绵不断的历史。

2003年，为配合粤赣高速公路建设而发现并进行发掘的连平县大湖镇高栋窑址，是保存较好、面积较大的新石器时代晚期遗址。高栋山的海拔高度173米，遗址为长约100米、宽约40米的条带状，分布于山顶西南山腰至山麓一带，文化层保存较好。通过发掘证实，此遗址为新石器时代晚期古人类在此烧制陶器的窑址，属横穴式陶窑，保存相当完好，为广东少见，仅20世纪70年代潮汕地区有一处发现。根据出土的陶器及其制作工艺分析，那时居住在连平境内的人类的生产力状况与新石器时代的生产力状况是相吻合的。高栋窑址的文化内涵显示高栋遗址在岭南先秦考古编年体系中处于新石器时代晚期偏早的阶段，其特征相当于曲江石峡文化遗址第二期文化。高栋文化遗址的发现，为考察新石器时代岭南地区的文明形态、制陶手工业的面貌，以及岭北文化的源流、传播情况，提供了弥足珍贵的资料。

探秘连平古遗址，我们可以看到，从遥远的原始社会的原始群时期起，我们的祖先就在莽莽的九连山下生息繁衍，不辍劳作，创造着远古的文明。

二、人文连平

连平属客家区域，客家文化底蕴浓厚。拥有国家级非物质文化遗产项目1项，省级4项，市级27项。

（一）忠信花灯：列入第三批国家级非物质文化遗产名录

连平县忠信花灯是忠信民间艺人利用竹篾和各种色纸材料制作的民间灯彩艺术品，以红色为主色调，带有喜庆和乡土特色。忠信花灯吸收和继承了外地传统灯彩艺术之精华，凝聚了忠信民间历代艺人的智慧结晶，寄托着民间大众的审美理想，是传统赏灯习俗中的载体。主要分布于广东省河源市连平县东南部忠信地区六镇。

在清雍正八年（1730年）编撰的《连平州志》中有"上元喜簇花灯，作龙狮各种戏舞"的记载，说明忠信花灯盛行至今最少已有300多年历史。相关专家对民间收藏的花灯纹样印版进行鉴定，证实为明末清初产物，可见花灯制作在清代已盛行。

忠信花灯的类型有10多种，分别为宫廷灯、缭丝灯、参灯、状元灯、秀才灯、五福灯、磨灯、龙凤灯、宝莲灯、方鼓灯、伯公灯、紫灯、廊灯等。每种又有各样规格之分。忠信花灯主要是柱式结构，上方下圆。其特点是上部有灯盖，挂有灯联、灯带；中部灯身通透；下部有灯衣、灯裙，且一次性使用，为民间花灯所罕见。

忠信花灯采用特殊的工艺制作技巧和形式，有着寓意深刻的装饰纹样及丰富和谐的色彩搭配，成为一种独特的造型艺术工艺品。

忠信花灯集多种手工技艺于一身，融神话、传说、诗词、对联、书画于一体，蕴含丰富的文化内涵，有很强的观赏性和浓郁的乡土气息。

2006年5月，忠信花灯以民间美术类被列入广东省第一批省级非物质文化遗产名录。2011年5月，连平县被广东省文化厅授予"广东省客家花灯艺术之乡"称号。2011年6月，忠信花灯被列入第三批国家级非物质文化遗产名录。

（二）忠信吊灯习俗：被列入广东省第二批省级非物质文化遗产代表作名录

在历史长河中，客家先民迫于战乱，辗转迁徙。在新的环境生活、生存使得客家先民对血脉的绵延极为重视。为了祈盼家族的繁衍壮大和人丁兴旺，客家先民借传统的元宵赏灯风俗习惯，以"上灯"谐音"上丁"的取意，即上族谱，以及拜祖敬宗的客家情结，来庆贺家族添丁。这一形式年年因袭，便形成了客家人别具一格的吊灯习俗。大约在元朝时期，部分客家人陆续移居至忠信，同时受区域风俗的影响，形成了具有鲜明特征的忠信吊灯习俗。元宵节期间，凡是上一年生了男孩的人家，都要在翌年的正月十三至十八日举行"吊灯"庆贺，以示"添丁"。由于"灯"与"丁"谐音，人们便以忠信花灯作为庆贺"添丁"的载体。忠信花灯也是在这种习俗下得以传承至今。

忠信吊灯习俗过程一般由放灯绳、买灯、迎灯、上灯、暖灯、化灯6个环节组成。其间还有锣鼓、八音、舞龙狮、祭祖、饮灯酒等热闹场面，具有浓郁的地方风味。

2007年6月，忠信吊灯习俗被列入广东省第二批省级非物质文化遗产代表作名录。

连平县委、县政府为传承民族传统文化，引领健康文明习俗风尚，将民间传统习俗打造为地方特色文化品牌。以花灯为纽带，扩大影响，提高地方知名度，带动社会经济发展，促进社会主义物质文明和精神文明建设，从1999年至2018年，先后举办了10届花灯节。

"连平·忠信花灯节"，弘扬了传统民俗文化，擦亮了地方文化名片，这一优秀的民间艺术正以其巨大的艺术生命力和感染力为人们所认识和接受，其将绽放出更加耀眼的光芒。

（三）连平颜氏廉洁文化与三十六字官箴

清朝中叶，连平州以颜希深、颜检、颜伯焘、颜以燠为代表的颜氏家族"一门三世四节钺，五部十省八花翎"，成为当时清朝的"二十八世家"之一。

在古都西安碑林博物馆中，有这样一块三十六字官箴碑文："吏不畏吾严，而畏吾廉；民不服吾能，而服吾公。公则民不敢慢，廉则吏不敢欺。公生明，廉生威。"短短三十六字，字字如金，句句警策，告诫人们做官要公正无私、清正廉明。

这块现存于西安碑林博物馆的古代官箴刻石，源于连平颜氏三代传承。在三十六字官箴刻石后面还有5篇跋文，其中3篇为颜氏三代颜希深、颜检、颜伯焘所作。

颜氏一门祖孙三代都是清朝重臣。祖父颜希深官至贵州巡抚，父颜检两任直隶总督，颜伯焘屡官至闽浙总督。这则三十六字官箴，正是颜氏三代辗转所传。

乾隆十八年（1753年），颜希深任泰安知府，任上时看到泰安前知州于明孝宗弘治十四年（1501年）刻下的三十六字官箴残碑，觉得此箴"言约意深、为官之要领"，便依照原碑文重新刻石并跋，立碑于署内，以时时警醒自己，并将此官箴定为家训，明令其后人从政为官者均需携此官箴赴任，以儆策自己。

嘉庆十八年（1813年）农历七月，颜检从京师调任山东盐运使。这时的泰安知府是汪汝弼，汪汝弼素知府内官箴石刻与颜检之父颜希深的渊源，于是寄给颜检数十本府内石刻拓本，其中有三十六字官箴，颜检收到后再三拜读并手抄心悟，视为座右铭践行之。嘉庆二十年（1815年）仲秋，颜检依照其父颜希深泰安石刻拓本重新刻碑并跋其后，镶嵌在杭州治所大厅的墙壁上，时刻警醒自己，传承好家风。

道光二年（1822年），颜伯焘出任陕西延（延安）榆（榆林）绥（绥德）道道台，此时再次出任直隶总督的父亲颜检，赠三十六字官箴石刻拓本于颜伯焘，并谆谆教诫："你如今去做地方官了，管理部下、调解民事全都是你的责任，要时常以这段箴词勉励自己，不可松懈。"颜伯焘恭敬地带着这本箴词到陕西上任，同时修书托长安令张爱涛再刻官箴碑并题跋言，立于西安碑林。

此后，三十六字官箴在世间广为传播。颜氏三代一路仕途，历经雍正、乾隆、嘉庆、道光、咸丰五朝，三代三刻碑，代代传承官箴，每莅新任，都携碑上任，既警诫自己，又警示他人。

连平颜氏廉洁文化是该县弥足珍贵的文化财富和精神财富。为弘扬中华优秀廉洁文化，推动党风廉政建设和家风家教建设，中共连平县委、县政府充分挖掘活化利用独特的颜氏廉洁文化，建设了党风廉政教育基地，让三十六字官箴在新时代更加熠熠生辉，让廉洁文化进一步发扬光大。

（四）崇文重教　科甲蝉联

中国客家研究大师罗香林在考证清代广东的科举考试中举人数时指出："有清一代，广东客家的科甲，虽以嘉应本州及大埔为盛，然若以人口的多寡例之，则似以镇平、连平二县为首位。"

"崇文重教"是连平客家先民的风尚。据史载，连平于明末建州设治，在明末至清代200多年封建社会的科举考试中，考取进士的有12人（其中钦点翰林5人）、举人53人、副榜6人、拔贡23人，合计94人。早在康熙、雍正时期，仅何姓一门三代就考取了四举人、两进士，人赞之为"父子进士，兄弟举人，叔侄同科"。到乾隆、嘉庆、道光时期，则出现了颜氏"一门三世四节钺，五部十省八花翎"的盛况。

连平颜氏从清代康熙朝起至光绪末年止的200多年中，在当时人口不满1000人（男性）的家族里，却有翰林3人、进士5人、举人15人、拔贡10人、副榜3人，有七品以上官员60多人。

第四节

红色连平

　　连平县具有光荣的革命传统，是革命老区县，于2014年纳入原中央苏区振兴发展区域。连平留下了许多革命史迹。早在1924年，叶剑英、张民达率领建国粤军第二师在连平击溃陈炯明叛军李易标3000多人，击毙敌师长麦胜芳，击败了叛军，巩固了广东国民革命成果。1941年春，成立了中共连平县工作委员会，此后，中共党组织在连平不断发展壮大，抗日救亡，人民解放运动风起云涌。1945年10月，东江纵队第三支队（简称"东三支队"）挺进九连山，开辟了九连山武装斗争根据地，点燃了连平人民武装斗争烈火。

　　连平大地，九连山下留下了许多令后辈不可遗忘的红色遗址。根据普查，全县有革命遗址83处、革命老区镇7个、革命老区村（行政村）92个。

一、革命老区镇

（一）绣缎镇

　　绣缎镇位于连平县境东南部，地处连平、和平、东源三县交界处，是"高山茶油专业镇"。全镇总面积62.15平方千米，山地多属丘陵地貌，面积5800公顷，耕地面积1412公顷。下辖9个行政村（尚岭、红星、新建、塔岭、金溪、民主、沙径、坳头、建民）、1个社区，2018年总人口15961人。近年来，绣缎镇深入学习贯彻习近平新时代中国特色社会主义思想和党的十九大精神，全面落实县委、县政府的各项决策部署，团结带领全镇人民，坚持走产业兴旺、生态宜居、生活富裕的社会主义新农村之路，不断夯实农业基础、推进工业经济、改善社会民生，全力推进美丽乡村建设，全镇呈现出经济稳中向好、社会和谐稳定的良好局面。

1939年冬，东江华侨回乡抗日服务团龙和队到忠信、大湖、绣缎一带开展抗日救亡宣传活动，并秘密发展党组织。1940年冬，吸收绣缎民主村的曾慈彬入党。1942年春，发展绣缎新建村的曾石旺、曾杨善、曾长娣等人入党。1941年春，绣缎倒流水（民主村）成立了党小组，组长曾慈泰，隶属湖东支部领导。1942年至1945年冬，绣缎成立了倒流水、黄岩（新建村）2个党支部。1943年春，成立了大湖农民协会（含绣缎），有会员2000余人，领导群众实行"二五"减租和抗日救亡活动。1948年春，成立了有千余人的民兵队伍，开展拥军支前、分田废债斗争，配合部队反"扫荡"、反"清剿"。在残酷的革命斗争中，绣缎人民作出了巨大的牺牲和贡献。据统计，绣缎人民参加大小战斗20多场次，被杀害的干部群众20多人，被烧毁的房屋500多间。

革命文物有绣缎烈士纪念碑①、塔岭烈士陵园②、塔岭山文峰塔③。

革命遗址有塔岭战斗遗址、大田战斗遗址、狮脑山战斗遗址。

---

① 建于1958年，位于绣缎街南面，为纪念在大湖、绣缎、三角等地与敌人作战中光荣牺牲的200多名烈士。

② 建于1997年冬，安葬烈士骨骸200多具。

③ 建于清嘉庆十年（1805年），位于绣缎街西面，是大湖、绣缎人民及武装部队在对敌斗争中的岗哨和信号塔。

（二）大湖镇

大湖镇位于连平县境东南部，全镇总面积78.5平方千米，城镇规划面积6平方千米，丘陵地面积10.5万亩（1亩≈666.67平方米，下同）。下辖8个行政村（罗经、油村、活水、湖东、五禾、湖西、盘石、下礤）、1个社区、161个经济社，2018年户籍总人口22458人。2018年，实现农业总产值18874万元，粮食总产量4781吨。

1938年夏，曾振伦、曾方如（曾卓华）等在湖东小学成立青年抗敌后援会，开展抗日救亡宣传活动。1941年2月，在湖西村回龙庵小学成立了中共连平县工作委员会。1943年，成立了大湖农民协会，有会员2000余人，开展轰轰烈烈的农民运动和抗日救亡活动。大湖人民在漫长的革命斗争中，配合正规部队，参加了10余次反"围剿"和伏击战。在革命斗争中，大湖人民付出了巨大代价。据统计，被国民党反动派杀害的和在战斗中牺牲的就有150多人。

革命旧址有中共连平县第一个党支部成立旧址、中共连平县工作委员会旧址、五禾村农民协会旧址、白云楼战斗旧址、何新屋战斗旧址、禾子坑马刀队战斗遗址、上石板滩反"围剿"战斗旧址等。

（三）三角镇

三角镇地处河源灯塔盆地国家现代农业示范区北腹地，是连平县生态工业园所在地和东部产业新城中心镇。全镇总面积44.6平方千米，其中山地面积3.2万亩，耕地面积1.02万亩。下辖9个行政村（桐岗、向阳、新民、阳江、石马、塘背、白石、新村、石源），2018年户籍人口17803人。境内粤赣高速、汕昆高速公路和国道358线纵横交错并设有进出口（互通枢纽），县道164线连平洋塘至河源船塘段贯穿南北，乡村路网发达，已全面融入珠三角"两小时经济圈"，具有独特的区位、交通、人文和后发优势，是连平县优化发展区、工业建设主战场。2018年，实现地区生产总值10.12亿元，同比增长9.17%，首次突破10亿元大关；农业总产值11929万元；工业总产值83091万元；农民人均纯收入9181元，同比增长13%。

1938年夏，在广州中山大学就读的曾振伦、欧阳玉回乡与曾方如、刘亚东等人在大湖、三角、忠信一带发起组织青年抗敌后援会。三角镇的欧阳励农任名誉会长，有会员200多人，开展抗日救国宣传活动。1942—1949年，在大湖党组织领导下，三角镇进步青年何恩惠、朱宝田、朱启燊等加入中国共产党，领导三角人民开展革命活动。1948年，在活水村成立了三角农民协会总会，下设14个分会，总会长何恩寿，副会长何王寿、李干凤、严德惠。并成立了有400多人的民兵队伍，配有七九步枪、土枪、土炮等武器装备，承担站岗放哨、筹款筹粮、配合部队作战等任务。为贯彻上级大搞武装斗争的指示，1947年12月中旬，三角民兵配合武装部队攻打反动地主集团"阳隆和"，进行破仓分粮，缴获枪支数十支及粮食衣物一大批，打击了敌人的反动气焰。1948年3月31日，国民党军队两个连和忠信联防队"围剿"三角镇阳江村余屋，20余名民兵用土枪、土炮顽强地顶住敌人的进攻，先后击毙敌方1名机枪手和4名士兵，击伤10余人。最后因弹尽粮绝，敌人俘虏了16名民兵，除2人脱险外，其余14人被杀害于忠信黄岭。1949年3月，三角镇宣告解放。

革命旧址有攻打"阳隆和"战斗旧址、洋塘岗战斗遗址、余屋反"围剿"战斗旧址。

（四）忠信镇

忠信镇位于连平县境东南部，是连平县东南部六镇的经济、文化、商贸中心，是广东省中心镇、广东省教育强镇、第三批全国小城镇发展与改革试点镇、全国重点镇。全镇总面积151平方千米，其中耕地面积2.97万亩，山林面积8.98万亩。下辖12个行政村（大坪、曲塘、黄花、东升、水溠、大陂、上坐、司前、西湖、新下、柘陂、中洞）、5个社区，2018年常住人口67037人、户籍人口53747人。境内粤赣高速、汕昆高速公路和国道358线、省道253线纵横，交通条件优越。2018年，农村经济总收入2.69亿元，农业总产值2.52亿元；农村居民人均纯收入8743元，城镇居民人均可支配收入11578元。

1941年10月，成立了忠信中学党支部。1942年秋，忠信中学的党员发展到20多人，分别成立了教工党支部、学生党支部。党组织在忠信中学、柘陂村华南小学等地开展轰轰烈烈的抗日救亡活动和革命斗争。1949年6月2日，中共连平县委员会、连平县人民政府在忠信镇成立。

革命旧址有华南小学党组织活动旧址、忠信中学革命斗争旧址、解放忠信镇战斗旧址、中共连平县委及县政府成立旧址、张和邦及吴建昌烈士纪念碑。

（五）高莞镇

高莞镇位于连平县境东南部，全镇总面积62.5平方千米，其中水田面积10952.85亩，旱地面积3598.8亩，山地面积68000亩，属山地、丘陵、小平原三结合地区，是一个典型的农业镇，是广东省花生专业镇。下辖10个行政村（二联、徐村、丁村、太平、高村、中平、高陂、河西、西南、右坑），2018年总人口25012人。2018年，高莞镇坚持农业基础地位不动摇，扎实做好农业农村经济工作，促进农业增产、农民增收、农村发展，全镇实现农业总产值16036万元。

高莞镇是去九连山革命根据地的必经之路，1941年2月，建立了"龙川—连平大湖—忠信—高莞—九连山"地下交通线，在该镇的二联村川龙围小学建立了地下交通站。解放战争时期，组织了高陂反击战等主要战斗，为解放忠信及连平县城作出了贡献。

革命旧址有高陂寨战斗旧址。

（六）内莞镇

内莞镇位于连平县境东北部，全镇总面积231.5平方千米，其中林地面积30.8万亩，耕地面积1.35万亩。下辖11个行政村（横水、莞中、塘兴、大陂、小洞、显村、蓝州、高湖、大水、桃坪、蕉坪），2018年总人口19267人。交通便利，国道105线穿境而过，县道大九线贯穿全镇8个村，通往各行政村道路已经实现硬底化。境内"圣迹苍岩"景区被省旅游局推荐为全省百家"旅游观光新亮点、休闲度假好去处"之一。

1945年10月，东三支队挺进九连山，开辟武装斗争根据地。1946年6月，东三支队北撤山东之后，留下的58人在九连山成立了中共九连山区临时工作委员会，在九连山继续开展武装斗争。1947年，九连党组织和广大群众根据中共广东区党委大搞武装斗争的指示，组织武装民兵50余人，配合部队打击敌人。1948年3月，成立了农会，会员发展到200多人。农会和民兵组织建立后，开展了轰轰烈烈的减租减息、停租废债，反"三征"和破仓分粮等斗争。在抗战期间，九连、内莞人民积极参加抗日救亡运动。1943年，九连的蒋亚信动员进步青年50多人参加中国工业合作协会，在九连的深山里炼铁、造纸，筹措抗战经费，支援抗战。

革命旧址有中共九连山区临时工作委员会旧址、九连山游击根据地玛丽医院旧址、粤赣边支队电台遗址、粤赣报社遗址。

（七）田源镇

田源镇位于连平县境东南部，地处新丰江畔。全镇总面积

129.78平方千米，其中山地面积12万亩，耕地面积1.97万亩。下辖7个行政村（长翠、田西、田东、新河、永吉、水西、肖屋）、112个村民小组，2018年总户数4207户，总人口13972人。田源镇经济以农业为主。2018年，镇域经济作物和多种经营收入在农业经济中比重有较大的提高，实现农业总产值10891万元，农民人均纯收入8052元。

田源镇是粤赣湘边纵队东江纵队第二支队二团主要活动游击区范围。1948年七八月，分别在田源梅洞口、永吉、纳树庙成立了农会，有会员200多人。农会领导群众开展减租减息、分田废债运动。1947年冬至1948年夏，田源的党组织和武装民兵密切配合江北人民自卫总队连南队（飞虎队），先后粉碎了国民党反动派对田源多次"大扫荡"，组织了梅洞口战斗、水西战斗和解放隆街镇战斗等。在革命斗争中，田源人民作出了巨大牺牲。据统计，在历次战斗中共牺牲20余名党员干部和群众。

革命旧址有连南队（飞虎队）成立遗址、梅洞口战斗旧址、水西战斗遗址。

二、革命老区村

绣缎镇的新建、塔岭、民主、金溪、坳头、红星、尚岭、建民、沙径（含梅花），共9个抗日战争时期老区村。

大湖镇的湖东、湖西、盘石、下石示、五禾、油村、罗经、活水，共8个抗日战争时期老区村。

三角镇的桐岗、向阳、阳江、塘背、新村、新民、石马、白石、石源，共9个抗日战争时期老区村。

忠信镇的柘陂、新下、西湖、司前、东升、大坪、中洞、曲塘，共8个抗日战争时期老区村。

油溪镇的大塘、茶新、彭田、小溪、上镇、新溪、九潭、长潭、长丰，共9个抗日战争时期老区村。

高莞镇的二联、徐村、丁村、中平、高陂、右坑、河西、西南，共8个解放战争时期老区村。

内莞镇（含原九连镇）的蓝州、小洞、塘兴、大陂、显村、莞中、大水、高湖、蕉坪、桃坪，共10个抗日、解放战争时期老区村。

上坪镇的中村、小水、新镇、东阳、布联、惠西、下洞，共7个解放战争时期老区村。

陂头镇（含原贵东镇）的资溪、三水、分水、夏田、莲光、贵塘、塘田、蒲田、大华、花山，共10个解放战争时期老区村。

隆街镇（含原崧岭镇）的百叟、龙埔、岑告、长沙、沙心，共5个解放战争时期老区村。

田源镇的田西、田东、新河、永吉（含金树）、长翠，共5个解放战争时期老区村。

溪山镇的百高、溪西、东水、马洞，共4个解放战争时期老区村。

第二章

早期革命思想在连平的传播

第
一
节 **叶剑英挥师连平歼叛军**

在连平县城郊外的元善镇鹤湖村径口屋青草径的一个小峡谷里，竖立着一块"建国粤军第二师进攻连平之战战斗遗址"的石碑。这个青草径是两座山岭之间的小峡谷，长约1.5千米。这里记载着"叶剑英挥师连平歼叛军"的史实。

1921年5月，中华民国政府在广州成立，孙中山就任临时大总统。中华民国政府的成立，为举兵北伐，扫除军阀，统一全国创造了条件。

1922年6月，军阀陈炯明率部围攻总统府，炮轰越秀山粤秀楼孙中山的住所，在广州公开叛变国民革命，孙中山指挥平叛。陈炯明在广州站不住脚，率部逃到惠州，盘踞在东江一带。1924年初夏，陈炯明派出第四军军长李易标及其部属师长麦胜芳率领3000多人开赴东江上游的连平县城，企图将势力发展到九连山区。连平，位于东江上游与江西省接壤，是粤赣必经之道，战略位置极其重要。陈炯明叛军占据连平县城，进可以攻打广州，退可以避入江西省，并可以倚靠莽莽九连群山负隅顽抗。1924年3月，孙中山将原粤军和东路讨伐军统一改编为建国粤军，组建了建国粤军第二师，张民达任师长，叶剑英任参谋长。同年7月，盘踞在粤北地区的叛军林虎率部向广州进犯，配合惠州叛军起兵进逼广州，情势严重威胁着革命大本营广州。孙中山命令张民达、叶剑英率所部开拔连平，攻打叛军李易标、麦胜芳部。

7月15日，张民达、叶剑英率部乘广韶火车抵达英德河头。翌日凌晨，从百步经过大镇，沿翁城、龙仙至南浦、陂头。23日，抵达桃花坪水浸洞，沿着崎岖山道，直达连平城郊。

24日拂晓，突然下起瓢泼大雨，建国粤军第二师攻打连平城之战打响。叶剑英亲率炮兵连选好阵地（设在连平城郊的密溪、鹤湖交界的山顶上），指挥炮兵炮击州龙山之敌。战斗至中午，叛军师长麦胜芳率兵固守青草径一带，建国粤军第二师官兵奋力冲杀，击毙麦胜芳。李易标部阵脚大乱，溃不成军。下午，陈炯明的第二军数百人分两路增援，一路抢占州龙山，另一路入南湖黄鹿坑至二渡水一带。在敌众我寡的情势下，张民达、叶剑英命令部队迅速后撤。这一役，击毙李易标部100多人。战斗结束后，革命军在连平县城张贴革命布告和革命标语，唤醒民众的阶级觉悟。此次战斗，粉碎了陈炯明、林虎重返广州的"美梦"，巩固了广东国民革命的成果，同时极大地鼓舞了连平人民的革命热情。

第二节 创办平民夜校 传播革命思想

大革命时期，彭湃领导的海陆丰农民运动，国民革命军的两次东征，特别是毛泽东、朱德率领的工农红军在井冈山开辟革命根据地，建立苏维埃政权，对毗邻江西省的连平产生了广泛影响，这时期一些进步青年纷纷来到连平，革命思想开始在连平迅速传播。

1926年春，新和平青年团干事张觉青，化名张锦中，在和平中学同窗书友曾鸿梅的推荐下，来到盘石弘毅小学教书。他以教书的合法身份作掩护，以弘毅小学为阵地，宣传进步思想，唤醒民众，进行反帝反封建的斗争。张觉青到弘毅小学后，就秘密地在师生间传阅《共产党宣言》《孙中山论三民主义》《响导》，以及刊物《新青年》《和声》《和风》等。他经常在学生中宣传"穷人之穷，在于受富人剥削；富人之富，在于吸人膏血，不劳而获"之类关于阶级压迫的道理。此外，他还利用假日夜晚，走村串户去访贫问苦，在乡间宣传各地开展农民运动的新鲜事。在弘毅小学教书的当地教师曾树光、曾光甫也是思想进步的人士，与张觉青志同道合，他们在共同搞好教学的同时，广泛结交进步人士。例如，盘石的曾新旺几年前因家贫出走粤北曲江做苦工，耳闻目睹曲江农民暴动、打击封建地主的事实，他认识到"只有组织农民造反，才是穷人的出路"。他回到老家后就经常找张觉青交谈。

　　经过一段时间的组织发动，张觉青和这几个进步人士又结交了当地有文化的进步青年曾贞祥、曾林祥、曾新贵、曾宏尤、曾捷如等。在一次座谈中，张觉青提出创办平民夜校的建议，得到了大家一致赞同。几天后，曾贞祥带着张觉青给梅县学友的一封书信，到梅县购买了100多册"苏区平民课本"。返回后，在弘毅小学布告栏贴出"大湖坝平民夜校招生广告"，老百姓看到免费读书的广告，喜出望外，争相报名，并且搬来了桌椅。3月中旬，由张觉青、曾新旺、曾光甫主办的"新学堂同志社"开学了，有学员40多名，每天晚上聚集在课堂，倾听老师讲课，专心读书认字，直至深夜还不愿回家。

　　为了传播革命真理，张觉青费尽了心血。他还根据学员领会的能力和唤醒民众的需要自编通俗易懂的乡土教材。这些教材顺口、易记，道理深入浅出。其中，有反映农家生活的顺口溜："五月天，六月天，哪有闲人在路边；人人手拿一把秧，口唱秧歌来插田。"有为民诉苦的民谣："赤日炎炎似火炉，汗水淋漓去交租；割脱禾头冇米煮，可怜饿死老农夫。"还有抨击、讽刺地主老财的民谣："地主恶霸真可恶，每斗种田两担租；天天吸食农民血，又肥又大象（像）条猪。"

　　新学堂同志社创办不久，办夜校高潮普及整个盘石。1926年4月，曾鸿梅、曾光甫在下塘仔办起"大湖坝同志会"，有40多名学员；曾新旺、曾子宜在水沥头屋办起"知行平民夜校"，有50多名学员。这些夜校每期办一个月，学员总人数270多人。在这期间，黄惊白、卜恨生几次到弘毅小学，把和平县城办夜校的经验带到大湖推广。每当节日或结业的时候，就举行集会，游行示威或演街头剧，如《铁算盘》《打倒军阀》等节目，揭露地主、军阀的罪恶，使群众深受教育，引起群众思想的共鸣。同时还搞"提灯巡行"，数百人的队伍手擎着纸扎的灯笼或举着火把，在有步枪、大刀、长矛的武装队伍护卫下，红旗引路，踏着夜色游行示威，甚为壮观。学员还高喊"打倒帝国主义！打倒列强！""耕者有其田"等口号，高唱《打倒列强》等歌曲。

1927年秋，张觉青的好友朱梦觉到弘毅小学接替了教学岗位。朱梦觉也边教学边接触老百姓，开展革命宣传。他常用革命的歌词来唤醒被奴役的人们。与此同时，距离弘毅小学不远的湖东小学也掀起了传播革命真理的热潮，积极宣传共产党的主张，使当地的民众深受启发。

大湖乡盘石、湖东等地的平民夜校活动，对于唤醒被压迫的民众起到启蒙发动作用，为后来连平党组织的建立，开展革命斗争打下了基础。

20 世纪二三十年代农民的革命斗争

革命志士的革命宣传活动，启发了连平人民革命的觉悟，激发了连平人民的革命热情，引发了连平人民的一系列革命斗争运动。

1927年5月，大湖10多个村庄的300多户佃户在湖东小学进步教师曾碧光、曾树萱的组织领导下，在大湖寨上门曾氏昭先公祠内集会，声讨地主罪行，要求减租减息，取得了斗争的胜利。

1933年，其时天大旱，田土龟裂，颗粒无收，而地主不顾农民死活，仍然要农民高额交租。金斗龙等地的农民在黄叶保、曾石旺、曾宪喜等人带领下，发动农民1000多人集会抗议地主逼迫农民高额交租，迫使地主答应了农民减租的要求。

1935年四五月，虫害特别严重，大片禾苗枯萎，韦屋地墩120多户佃户集会要求折成交租，斗争又一次取得了胜利。

1935年五六月，大湖盘石的10个村发生了严重虫害，近200户佃户在盘石墩下集会，要求地主减免租谷，迫使地主答应了农民的要求。

在革命思想的鼓舞下，农民的革命斗争取得一次又一次的胜利，极大地鼓舞了民众，沉重地打击了封建地主的反动统治。

第三章

连平县地方党组织的建立、发展与壮大

第一节 连平县地方党组织的建立

　　革命思想和马克思主义的广泛传播，农民革命斗争的兴起，为连平建立中国共产党组织奠定了思想基础和社会基础。

　　1940年初，东江华侨回乡抗日服务团博罗队副队长张仁安进入湖东小学，中共和平县工委派共产党员黄华明（黄道冠）到湖东小学，他们都以教师身份为掩护，秘密发展地下党员，开展革命斗争。

　　1940年3月，中共和平县工委派共产党员周宝时（周惠敏）到大湖湖东小学任教，秘密从事党的地下活动。5月，吸收了湖东小学青年进步教师曾方如加入中国共产党。6月上旬，中共河源县船塘区委书记张其初派共产党党员黄慕平（黄金陵）到湖东小学任教，并通过东江华侨回乡抗日服务团龙和队党支部副书记黄敏介绍，油溪大塘小学地下党员吴泓生与曾方如接上联系，一起开展党的活动。此时，曾方如、吴泓生、黄慕平在中共河源县船塘区委的指示下，共同组织成立了湖东小学党小组，曾方如为党小组组长，隶属中共河源县船塘区委直接领导。这是连平县第一个党小组，标志着连平县党的组织建设进入了一个新的篇章。

　　1940年9月，中共东江后方特别工作委员会（简称"后东特委"）青委书记饶璜湘，带着特委指示，到湖东小学检查和指导党的工作。经考察，认为在湖东小学建立党支部的条件已经成熟，便召集全体党员开会，传达了特委的指示，主持成立了中共湖东小学党支部。出席会议的有饶璜湘、张仁安、曾方如、黄华明、黄慕平、吴汉民、吴泓生、曾荫存、曾辉寰。张仁安任党支部书记，曾方如为组织兼统战委员，黄华明为宣传兼青年委员。湖东小学党支部隶属中共龙川中心县委领导。这是连平县第一个党支部，她的成立，是连平县革命斗争的新起点，具有重要的历史性意义。

湖东小学党支部成立以后，积极秘密发展党员，不断壮大党的力量；创办平民夜校，传播革命思想；举办补习班，宣传革命真理。利用寒暑假，举办升学补习班，参加学习的有来自忠信、大湖、绣缎、三角等地的青年学生300余人。除了进行文化课辅导外，主要宣传中国共产党的政治纲领，宣传抗日救亡十大主张，揭露国民党妥协、分裂、倒退、卖国的投降政策，启发民族觉悟，激发爱国热情，鼓励青年走上抗日救亡道路。

1941年2月，连平县第二个党支部——大湖坝党支部在大湖弘毅小学成立，支部书记李新民，后由魏洪涛接任。大湖坝党支部成立后，一方面抓统战上层人物的工作，掩护地下党开展革命活动，此时，外地党员陈景文（五华人）、李新民（梅县人）进入弘毅小学任教，秘密从事地下革命活动。另一方面创办平民夜校，传播革命思想，唤醒民众的阶级觉悟，抓发展组织工作，发展了曾雅芳（女）、曾坤成（女）、曾勤义（女）、曾扬善、曾文希、曾德佑、朱宝田、朱启粦等先进分子加入中国共产党。

湖东小学党支部和大湖坝党支部的成立，标志着连平县地方党组织从无到有、从小到大，不断发展壮大。

第二节 中共连平县工作委员会的建立及其活动

抗日战争爆发后，在中国共产党的推动下，抗日救亡运动不断兴起，一批进步人士接受马克思主义思想，纷纷加入中国共产党，担当起民族解放的大任。在这个时期，连平掀起了革命斗争的新篇章，连平县地方党组织从无到有、从小到大，不断发展壮大，为民族独立和人民解放斗争在连平的开展积蓄了力量、奠定了基础。

为了加强党的领导和建设，适应形势发展需要，根据中共后东特委指示，1941年2月下旬，在大湖镇湖西村回龙庵小学山背后召开了党的会议，成立中共连平县工作委员会（简称"县工委"）。由张仁安任县工委书记，曾方如任组织委员，李新民任宣传委员，黄华明任青年委员。县工委就如何加强连平县党组织的建设、壮大党的队伍等问题进行了研究和部署。这是连平划时代的一个重要会议，九连山上升起了引路的旗帜。

县工委成立后，积极慎重发展党员，成立党组织，壮大党的力量。截至1942年底，在全县发展党员60多名，新成立了弘毅小学党支部、大塘小学党支部、忠信中学教工党支部、忠信中学学生党支部、茶圳山小学党支部，以及五果村党小组、湖西党小组、培养小学党小组、高乾头党小组、五眼桥党小组、百叟党小组，革命的星星之火已经在九连山下、连平大地点燃。

隐蔽时期的党组织活动

1942年5月26日，中共南方工作委员会（简称"南委"）组织部部长郭潜在韶关曲江被捕叛变，中共粤北省委在韶关遭到国民党顽固派破坏，史称"粤北事件"。

"粤北事件"发生后，中共中央南方局根据周恩来的指示，指出各级党组织要执行"隐蔽精干、长期埋伏、积蓄力量、以待时机"的方针，暂停组织活动和组织生活，党员要执行"三勤"（勤学、勤职、勤交友）要求，以各种身份分散隐蔽在各个地方。这一时期，连平县党组织化整为零，分散隐蔽，党员按照"三勤"要求，分别以农民、铁匠、医生、教师、商人、小贩、货郎的身份，从事自己的职业，掩护身份，保存力量。连平县党组织虽然停止了组织活动，进入了隐蔽时期，但地下革命斗争却一直没有中断。

"粤北事件"后，国民党的反共逆流甚嚣尘上。

1942年，党组织派地下党员郑风（化名郑伯钦）到忠信中学任教，从事地下工作。同年5月26日，由于特务告密，国民党连平当局悍然逮捕郑风，党组织受到严重威胁。此时，忠信中学党组织沉着机智，以巧妙的方法组织发动学生营救郑风。通过组织学生会把各个班分成几个小组，分批轮番到国民党忠信区公所，以探望郑老师为由，隔半个小时去一次，大闹区公所，闹得敌人坐立不安。

5月27日，党组织得知国民党忠信区区长一早就带了几个士兵到大湖征粮去了，区公所只剩下五六个看守人员，便乘此机会，组织学生营救地下党员郑风。

下午3点多钟，在学生会的召集下，200多名学生（包括附小学生）带着慰问品，慰问郑老师。学生们身穿童子军服，手持木棍，排着整齐的队伍奔向国民党忠信区公所。

到了区公所后，学生们迅速分散在区公所的周围，学生会代表在看守室与国民党警察谈判交涉，其他学生则在区公所大呼口号，并掷石头，警察不知所措。

天黑了，地下党员学生曾光奎通过一个姓黄的同学串通其看守的叔叔，把一套大号的童子军服转给郑风。点灯时分，学生代表提出烧水给郑老师冲凉，警察执拗不过，被迫答应，于是进去两个学生烧水。看守室里的学生又与警察大吵大闹，其余学生在区公所大呼大喊，屋内外人声嘈杂，一片混乱。乘混乱之际，一个学生把一桶热气腾腾的水提进牢房给郑风冲凉。郑风机智地借助如烟如雾的水蒸气，敏捷地逃出了敌人魔掌。

过了大约半个小时，被学生吵闹得稀里糊涂的警察发现"犯人"不见了，如梦初醒。这时学生们知道郑老师已安全脱险，便各自回学校去了。

这是连平县党组织在隐蔽时期反击国民党反共逆流的一次胜利。

第四节 党组织的发展壮大

为了使党组织更好地领导全省的抗日游击战争，肩负起争取华南抗战胜利的责任，1944年10月，中共广东省临时委员会作出全面恢复党组织生活，健全和重新建立各级党组织机构的决议。1945年2月，根据广东省临委的指示，后东特委实行特派员制，邓基任连平县特派员，传达了广东省临委关于恢复党组织活动和开展武装斗争的指示精神，连平县党组织明确了今后的斗争任务和方针策略。

1945年10月，成立了中共连和县工作委员会，书记陈景文，组织部部长林启连，宣传部部长黄华明，领导连平、和平两县人民开展革命斗争。

解放战争时期是连平县党组织发展壮大的兴盛时期。1947年冬，九连地区恢复武装斗争，革命形势有了进一步的发展，连平县党组织在革命高潮中不断发展壮大，一年内先后成立了中共九连地区工作委员会、中共贵东大华党支部、中共连和区分工委。

1947年2月，根据中共中央香港分局的指示，中共九连地区工作委员会在香港成立，隶属香港分局领导，严尚民任书记，钟俊贤、魏南金为常务，吴毅、郑群、黄中强为委员。具体负责领导五华、兴宁、龙川、紫金、河源、和平、连平、新丰，以及江西省的龙南、定南、全南、寻邬等县党组织的活动和开展武装斗争。

1947年5月，连平县西北地区第一个党支部——中共贵东大华党支部，在贵东大华村成立，书记杨克，委员梁增托，共有党员10人。

1947年7月，中共连和区分工委在和平县青州宣告成立。成立后的连和区分工委隶属九连地区工作委员会领导，管辖连平的大湖、忠信及和平的西部地区。

中共九连地区工作委员会、中共贵东大华党支部、中共连和区分工委的成立，对加强连平县各个地方的武装斗争都有一定的影响。

连平县党组织蓬勃发展，不断壮大。从1940年连平县建立党组织至1945年抗战胜利的5年时间里，全县发展党员总数只有70多人，而1946年至1949年10月中华人民共和国成立，全县发展党员340多人，比抗战期间的党员总数增加了4倍多。

4

第四章

抗日救亡运动在连平的兴起

第一节 青年抗敌后援会的抗日救亡活动

1938年夏，在广州中山大学读书的连平大湖籍学生曾振伦毅然放弃学业，回到大湖，在大湖、三角、忠信一带开展抗日救亡的宣传活动。6—7月间，曾振伦与曾方如等发起组织了青年抗敌后援会（简称"青抗会"）。青抗会理事由曾振伦、曾方如、刘亚东、何恩仁、何焕南、何立忠、吴祖彦、吴祖修等担任。为得到社会的承认和支持，把抗日救亡宣传运动深入持久地进行下去，青抗会特聘请当时任和平县中学校长的欧阳励农（大湖三角人）为名誉会长，当时大湖乡政上层人士曾守正、曾仁轩等为理事。理事会下设常务理事机构，由曾方如、曾振伦、刘亚东3人组成。会址设在湖东小学，有会员200多人。常务理事机构下设文书组、宣传组、演剧组、歌咏队、募捐队、救国图书室。青抗会还制定了一整套会章，印制了会员登记表，并报当时和平县政府备案，取得合法地位。青抗会文书组负责起草拟发革命文告、宣传标语等。宣传组负责出墙报、黑板报，每逢圩日到绣缎、石马、烟墩圩、忠信圩进行街头演讲。演剧组在外地聘来一位粤剧演员，在其指导下排演了一系列反映抗日救亡的粤剧、快板剧等。歌咏队到乡村学校、民众夜校或街头大院教唱抗战歌曲，如《义勇军进行曲》《流亡曲》《松花江上》《游击队歌》《毕业歌》等。募捐队到各地去组织捐献活动，将募捐而来的钱物通过各种途径，很快送到了抗日前线。救国图书室办得红红火火，大部分书籍是进步的革命书刊，如《共产党宣言》《中国共产党抗日救国十大纲领》《为争取千百万群众抗日民族统一战线而斗争》以及有关俄国十月革命的政治书籍，还有沈钧儒、章乃器、李公朴、邹韬奋等"七君子"的抗日小丛书。会员凭"青抗会借书证"借阅，救国图书室定期开放，吸引了大批青少年。

　　青抗会广泛的抗日救亡宣传活动，在连平产生了极大反响，激发了连平人民的民族觉悟。

第二节 东江华侨回乡抗日服务团龙和队在连平的活动

卢沟桥事变后，中华民族处在亡国的危急关头。海外华侨十分关注祖国的前途和命运，纷纷行动起来，积极参与和支持祖国的抗战，组建了东江华侨回乡抗日服务团（简称"东团"）。

1939年12月底，东团龙和队在队长颜硕民带领下，从老隆步行出发，经灯塔、顺天，到达忠信大塘，然后队伍分成几个小组，分别驻在油溪的大塘小学、小溪麦屋和大湖的弘毅小学。部队设在茶壶耳屋，东团龙和队成立了中共党支部。

东团龙和队到达连平后，开展轰轰烈烈的抗日救亡宣传活动。他们分别在大塘的茶壶耳屋、吴屋、小溪麦屋以及大湖的弘毅小学等地举办民众夜校、妇女识字班、儿童识字班，教唱救亡歌曲，办墙报、办黑板报，演街头剧。每到晚上，学员都到夜校听课，听抗战形势和抗日的新闻，"国家兴亡，匹夫有责"，甚至连几岁的儿童和小学生都擎着小纸旗高喊"打倒汉奸""打倒日本侵略者"等口号。每当夜幕降临，无数乡民便从四面八方赶来看戏，剧目内容大都是讽刺汉奸卖国投降和日军侵华的罪恶暴行，群众受到了深刻教育。此外，一些振奋人心的抗日歌曲也在群众中互相传唱，如《延水谣》《黄河大合唱》《流亡曲》《义勇军进行曲》《松花江上》等。

东团龙和队秘密发展中共党员，播撒革命种子。1940年4月，发展了连平县第一个中共党员——油溪大塘小学校长吴泓生。

中国工业合作协会在连平的发展

抗日战争爆发后，各大城市遭到日军飞机的狂轰滥炸，沿海一带大部分地区被日寇占领；大城市工业几乎全被战火摧毁，失业工人、难民人数与日俱增；抗战物资日趋贫乏，人民生产、生活遭受严重困难。在民族危难关头，需要在抗战后方动员人力、物力，发展各种手工业生产，支持长期抗战。国际友人路易·艾黎和埃德加·斯诺夫妇等出于支援中国抗日战争、帮助中国发展手工业生产、安置失业工人、巩固抗日后方的考虑，倡议筹建中国工业合作协会（简称"工合"）。它符合中国共产党提出的《抗日救国十大纲领》的要旨，也完全符合抗日战争形势的实际。工合的成立，不但得到中国共产党的大力支持，而且被国民党中央政府批准为合法的社会团体生产合作组织。

1938年8月，胡愈之、陈翰笙、卢广锦、梁士纯等，与国际友人路易·艾黎、埃德加·斯诺夫妇为把后方的人力、物力动员起来，发展各种工业生产，支持长期抗战，在汉口发起组织工合，并分设川康、东北、西南、晋豫、东南、西北、浙皖等办事处。路易·艾黎兼任东南区办事处主任。1939年春，工合东南区办事处派员来和平县筹建中国工业合作协会和平事务所。

工合在连平办起了油溪石背冶炼厂，由美国回国的工程师曾仁章担任厂长，兼任几个炼铁社技术指导，生产出大批铁和灰口铁及农具、锅头，供应东江、兴梅等地。灰口铁供应赣州、韶关等工厂作为铸模用铁。还在忠信、大湖等地建起了石灰厂、榨油厂、供销社。1943年春，九连农会会长蒋亚信动员进步青年50多人参加工合，办起了九连炼铁社，在深山密林里炼铁、造纸，并为党组织筹措经费，支援抗战。

为推动工合健康发展，后东特委派地下党员陈景文到连平，指导工合生产和工作情况。1943年夏，工合东南区办事处主任陈志昆到工合和平事务所视察指导工作，徒步近百千米赴石背冶炼厂视察指导。

在全民族抗战最为艰难的时期，工合的成立，对中国乃至世界反法西斯战争作出了重大贡献。工合在连平的发展，不仅对战时连平县的经济社会发展起到积极的作用，而且培育了地方产业工人，对连平县地方党组织的发展壮大具有重要的历史意义。

抗日救亡运动中的减租减息斗争 第四节

抗战全面爆发后，民族矛盾上升为主要矛盾。在抗日民族统一战线旗帜下，为争取地主阶级中的爱国分子参加抗战和提高农民的生产积极性，促进抗战时期生产力的发展，中共中央颁布了《抗日救国十大纲领》。连平县各地农民协会纷纷开展减租减息斗争。

1943年5月，大湖乡农民协会根据地主大斗进、小斗出，大秤进、小秤出，随意增加田租、随意盘剥的行径，发出了《大湖乡农民要求"二五"减租呼吁书》，揭露地主残酷剥削农民的罪行。该呼吁书称："国以民为本，民以食为天。在国共合作，全民抗战，成立民族统一战线时，中共提出实行减租减息，改善人民生活。但大湖一般粮户及那些当权绅士，利用愚民政策，不但不见减租，而且在政府抗战以来，将原完粮交款的改征实物……有的农民交够了租谷而被脱耕……农民们被迫丢妻别母，背井离乡，出外谋生……""现在正值抗日救亡阶段，正所谓民富才能国强。而且日寇进攻中国，到处烽烟四起，广州、武汉早已沦为日有，将来此地也不知何日沦为日寇手里。因此，大湖农民呼吁各阶层，以民族统一战线，国共合作为本，实行'二五'减租，以纾民困，而把全力赴于抗日战争，实为公正，诸希各党、政、军、商、学界同仁赞同。"

面对日益高涨的农民抗日救亡、减租减息斗争，6月，国民党连平县政府根据大湖农民的要求，在绣缎街张贴布告："查大湖一般殷户，常以大斗进、小斗出，起租脱佃，高利剥削农民，现值国难当头，本应改善农民生活，本府有鉴及此，承应取缔。现在为了体恤农民，实行二五减租，并制市斗烙印使用。希各知照，此布。"并宣布废除私立秤斗，每保发市秤、市斗各一把，烙印为记，统一使用，债利一律定为三分，不准擅改，各陂水田租额按农民规定成数交付田主。农民减租减息斗争不断取得胜利。

抗击日寇入侵连平

一、百叟街阻击日寇

1944年12月25日，日寇穿过湘桂、粤赣线后占领了曲江。根据形势的发展，东江纵队决定着手组织北上队伍，发展抗日武装。

1945年4月，毗邻连平的新丰县只剩下国民党军队200多人，而日军在全国人民的抗击下，濒临失败，节节告退，部分失散日军部队已进入新丰县，如不组织武装抗击，日寇就有可能以九连山区为依托，力求一逞，负隅顽抗。根据这一情况，东江纵队副司令员王作尧派郑大东、龙景山等人回到新丰，组织抗日人民武装，抗击日寇窜犯九连山。

4月24日，郑大东、龙景山回到新丰后，即与新丰县委书记梁泗源和赵准生等领导共同研究组织抗日武装的方案，成立新丰人民抗日游击队，由郑大东任队长，队员来自新丰县马头镇和连平县连南区的部分党员及进步青年70余人。连平县溪山茶峻山小学地下党员叶少雄组织溪山、隆街等地进步青年10余人，参加了这支抗日武装队伍，组建了叶少雄中队（又称连南队、飞虎队），由叶少雄任队长。这支抗日武装组织活动在新丰、连平、河源、龙门等县的边境，抗击日寇的入侵。

6月10日，日寇分三路进攻连平。一路由江西全南县经连平县贵东、鹤湖进入连平，一路经河源县进入连平县忠信镇，一路由新丰县经隆街于6月12日进入连平。从新丰县进入连平县的这路日寇人数最多，共有1000余人。上午11时左右，日军先头部队化装成便衣从新丰往马头、百叟方向开来。临近马头附近，新丰人民抗日游击队即派出郑培绍、谭河梅两班长率队登上乌石岗，向日寇发起猛烈阻击。日寇遭到突然阻击，不清楚游击队有多少兵力，不敢久战，赶快往连平县隆街镇百叟圩逃去。下午6时，日军后头部队六七百人经牛屎坑小路往百叟圩，遭到新丰、连平人民抗日武装猛烈阻击，当场打伤日寇7人。日寇慌忙向江西省方向逃窜。

二、普安村村民抗击日寇入侵的战斗

1945年6月7日晚，一股日军由翁源县城向连平县陂头进犯至下田岭坎下时，遭到当地抗日武装狙击。陂头街居民及附近村庄农民听到枪声，纷纷四散避难。午夜时分，近千名逃难的人群扶老携幼，争先恐后地涌进陂头镇普安村。

普安村是连平县陂头镇的一个偏僻小村寨，距陂头圩镇7.5千米。该自然村四面环山，一块不足半平方千米的小盆地中间建有一座砖瓦屋。整座屋呈四方形，建有两个两层高的四角楼阁，四边由排屋连接，墙壁有两尺厚，向东的大门用15厘米厚的木板制成，内安木门杠，铁环套结。为防贼攻劫，四角楼向外的墙壁上均设有射击枪眼，易守难攻，周围梯田的开阔地带都在控制范围之内。普安村20多户人家、100多人在寨内居住。村民为防止匪贼打劫和野兽残害农作物，备有"粉古"（即鸟枪），村里还筹资购买了一支步枪。由于经常狩猎，村中不少男女都有一手好枪法，其中青年谢泮飘更是百里挑一的好枪手。

普安村村民从逃难的群众口中得知日寇已进犯陂头镇，谢泮飘等人一边让妇女们为逃难群众安排食宿，一边召集村中青壮年商量如何应付当前的局面，保护群众安全，并在入村要隘设4个瞭望哨，监视日寇动静。其余的人则担水蓄存、积聚粮食，以防被日寇围困。村中男女老少同仇敌忾，纷纷做好了打击日寇进犯的准备。

9日拂晓，一股日军100多人从翁源乌泥坳经树子坪，取道梯子岭向普安村进犯。一村妇发觉后急忙回村里报告。谢泮飘闻讯，立即指挥村民搬来木头顶实大门，然后登上楼阁，举起村中唯一的一支步枪，打死了3名正往大门冲来的日寇，吓得敌人缩回山上，急忙调集机关枪、步枪一齐向古楼开火，楼顶上的瓦面被打得支离破碎。

谢泮飘、谢浪飘、谢锦飘三兄弟与村民谢路保、谢镜飘、谢招贤、谢佛佑、谢荣汉、谢佛城、潘亚提、谢荣添等坚守在楼阁上，拿起土枪，利用枪眼、窗户和各种有利地形，机智勇敢地打击来犯之敌。他们打一枪换一个地方，日寇晕头转向，稍一抬头或略一接近房屋就中弹毙命。日寇只能在远处用机枪扫射，不敢轻易接近房屋。战斗一直从早上打到傍晚7时多，村民们越战越勇，战斗异常激烈，楼阁依然屹立。日寇怕天黑村民反击，只好抬着伤员仓皇地逃离了普安村。

这次战斗，普安村村民共打死打伤日寇30多人，仅谢泮飘一人就打死打伤了20余名日寇。普安村一役，极大地鼓舞了连平人民的抗战信心。

第五章

九连山的武装斗争

东江纵队第三支队挺进九连山

抗战胜利后，中共提出在和平、民主、团结的基础上，实现全国统一，但国民党蒋介石不顾中共的呼吁和良好愿望，加速调集军队向解放区进攻，抢夺人民的抗战胜利果实。国民党广东当局也加速调集军队，向东江解放区发动全面进攻，妄图一举消灭东江纵队。广东区党委根据党中央的指示做出战略部署：在军事方面，将活动区划分为11个区，纵队之下，分设江南、江北、东进和粤北4个指挥部，实行分区指挥。纵队司令部决定命令曾源到第三支队担任政委，彭沃任支队长，翟信任副支队长，陈一民任政治处主任，率第三支队挺进九连山，开辟九连山游击根据地。九连山地处粤赣边境，山高林密，层峦叠嶂，山峰连绵数百里，东接福建，西连五岭，北靠江西"三南"（全南、定南、龙南），南临东江，是具有战略意义的军事要地。九连山是广东区党委划定的11个军事活动区中一个重要的战略区，在九连山下开辟一个新的战场，与粤北指挥部所辖的其他兄弟部队构成掎角之势，密切配合，互相策应，有利于打击国民党对解放区的军事进攻，粉碎其内战阴谋。

1945年10月3日，东三支队在政委曾源、支队长彭沃、副支队长翟信、政治处主任陈一民等的带领下，从惠阳县镇隆出发挺进九连山。

10月21日，东三支队下辖3个大队：第一大队大队长黄介

（后邓发）、政委王彪；第二大队大队长张新、政委吴毅；第三大队大队长吕苏（后黄耀龙）、政委陈炳华（后蔡史野），共计600余人，挥戈北上，向九连山挺进。为了迷惑敌人，东三支队打着"民众自卫队"的旗号，沿博罗县东北部经鹅公寨、白马布、李总营、松原岭、东坑等地，向河源方向前进。为尽快与当地党组织取得联系，东三支队派出民运队队长张觉青打前锋。

10月25日，张觉青到连平县大湖镇湖东小学找到地方组织联络员黄华明、曾方如，通知他们部队即将到达，要求地方党组织做好迎接的具体工作。黄华明将地下党部分骨干分出3组分头行动：一组由曾文恩、曾文贤两人前往烟墩圩；二组由黄华明、曾方如两人去新桥；三组由曾献章、黄百炼、曾辉寰、卢英才在湖东小学迎接部队。

10月30日，东三支队到达湖东小学和弘毅小学，连平地方党组织即派湖东小学校长、地下党员曾方如和党员教师曾献章、卢英才、曾辉寰、黄百炼等负责做好接待工作，各农会纷纷送粮捐物慰问东三支队，并在地下党员曾娘建家和曾坤宜家安置7个伤病员。

11月1日凌晨，支队部与警卫连及第三大队到达九连山下热水新洞。接着，陈一民和邓发、王彪率领的第一大队，张新、吴毅率领的第二大队先后到达。

从10月3日东三支队从惠阳县镇隆出发算起，一个月时间，东三支队全体指战员依靠团结战斗与坚强意志，经过300余千米的长途行军，多次的战斗，冲破敌人的重重阻拦、截击、围堵和追击，终于胜利完成了挺进九连山战略大转移的艰巨任务。

到达九连山之后，为争取迅速在地方展开工作，加强武装斗争，部队和地方党组织于11月3日统一组成了中共九连山工作委员会，书记曾源，委员彭沃、翟信、陈一民、黄华明，隶属广东区党委直接领导。为适应斗争形势需要，部队番号对外改用"九连山区人民自卫总队"，总队长曾源，政委彭沃，参谋室主任翟信，政训室主任陈一民。

东三支队到达连平以后，连平地方党组织广泛组织群众开展拥军支前工作，组织大湖、绣缎、三角等地的农会组织，为部队送油、送盐、送粮，并建立了地下交通线，沟通地方与部队的联系，传送情报。为扩大部队，连平地方党组织输送了一批青年党员、进步学生参加部队。当时参加部队的有曾坤宜、曾荣资、曾坤延、曾宗、曾崇道、曾娘建、曾坤宏、曾建初、曾宜恩、曾勤义、曾雅芳、曾坤成、麦惠娜、曾光奎等，后来这些青年中有的成为战斗英雄，有的成为部队骨干。

东三支队挺进九连山后，开辟了九连山游击根据地，点燃了武装斗争的熊熊烈火。

东三支队挺进九连山开展武装斗争活动不久，国民党军六十三军一五二师四五四团、四五五团跟踪而来，与地方反动保安队一起，对东三支队采取四面合围及重点进攻，并组织联防队"驻剿"，在热水、涮源、忠信分别驻有三个连，灯塔驻一个团，连平城驻一个连。由于敌我力量悬殊，为了保存力量，东三支队采取游击战术，分散活动，敌进我退，敌驻我扰，忽东忽西，使敌人摸不清支队部主力去向。同时，采取内线和外线相结合、公开与秘密相结合、宣传与锄奸相结合的原则，东三支队分成多路，分散活动，除大部分到其他地区活动以外，在连平地方活动的两支部队，一是吴毅领导的二三十人在大湖、忠信活动，二是陈一民、邓发领导的七八十人在上坪、下坪等地活动。

吴毅、张觉青带领部队在小溪尾驻扎时，部队传达九连山区工委书记曾源的指示：捕捉大湖5名反动分子，由地下党员曾方如等同志协助部队行动。农历十月十八日晚上，在地下党员曾慈泰、曾坤延等同志的协助下，吴毅率部队20余人在弘毅小学抓获了曾守正，后来罚其交出步枪20支，子弹500发，稻谷100多担（1担=50千克，下同）。

1945年11月20日，吴毅派出一支10余人的小分队袭击绣缎街国民党税站。小分队以突然袭击的办法打进了敌人驻地，抓获了一名国民党税收员。此举得到了人民群众的拥护，各地反动分子胆战心惊，大湖的地主恶霸纷纷逃往外地。

敌人对东三支队的"围剿"越来越猖狂。农历十二月十九日，国民党增加了3个团，其中连平一个团、忠信一个团、和平一个团，分四路进犯九连山。第一路主力进犯热水、新洞，第二路进犯利头，第三路"扫荡"青州，第四路"围剿"九连茶园暗径、野猪窝等。在敌强我弱的态势下，东三支队充分发挥游击战术的优势，与敌周旋，顽强战斗，打破了国民党进攻九连山游击根据地的图谋。

1946年春节后，陈一民、邓发等同志带领部队30余人到上坪中村、新田径一带活动。当时，上坪的地主恶霸对农民的压迫剥削非常厉害，东三支队开展锄奸反霸为民除害，得到了上坪人民群众的拥护。

第二节　东江纵队第三支队北撤后的九连山艰苦斗争

1945年10月10日，中国共产党与国民党政府在重庆谈判，签署了《政府与中共代表会谈纪要》（即《双十协定》）。为了实现和平统一，东江纵队奉命北撤山东。

1946年6月，东三支队北撤后，留下了58人坚持在九连山开展革命斗争。留下的58人隐蔽在莽莽九连山坚持革命斗争，这是58颗播撒在九连山里的革命种子，这是58面飘扬在九连山上不倒的红旗。这支小分队成了九连地区武装斗争的主要骨干力量。

1946年5月6日，东三支队北撤前决定，留守九连山的小分队和地方党组织在和平县热水乡眼坑合水召开会议，宣布成立中共九连山区临时工作委员会，书记吴毅，副书记王彪，委员陈实棠、林镜秋，并把部队番号改为"连和人民自卫总队"，总队长王彪，政委吴毅，副总队长陈实棠，政治处主任林镜秋。会议决定将全体人员分为两组掩蔽：第一组由吴毅（曾志云）率领20余人，掩蔽于江西定南的三亨、古地与和平的坪溪、岑岗一带；第二组由王彪、林镜秋、陈实棠率领30余人，再分别组成短枪队，秘密插到和东①、河西②地区，与和东区地方党组织取得联系，依靠当地党员和群众的掩护，时而集中、时而分散秘密活动于和东

---

① 和东：和平县东部。
② 河西：河源县西部。

与龙川、河源边境。

吴毅带领的武装小分队由九连山靠广东一侧秘密进入江西定南的古地、古坑、三亨等处的深山隐蔽。

东三支队北撤后，当地国民党军队和民团一方面抓紧围山"清剿"，另一方面封锁进入九连山的所有道路，妄图将战士们困死在山中。六七月的夏季，战士们没有在村子里安稳地住过一夜，只能在深山密林中风餐露宿。战士们以吃大苦、耐大劳的意志去战胜敌人的"搜剿"。

敌人的"搜剿"越来越紧张，一发现可疑的行迹，就纠集各种反动武装大肆进山"搜剿"。小分队为了不暴露目标，不敢发一枪，只能在山林里捉迷藏似的与敌人周旋，满山奔走，今天晚上住在"野猪窝"，明天夜里宿在"羊角岭"，转来转去。有时一夜要换好几个地方，到头来还是没有钻出敌人的包围圈。

吴毅率领小分队在赣南地区掩蔽了半个月，为避国民党军队的"清剿"，于是返回广东连平、和平、河源边境，将部队化整为零，灵活地开展对敌斗争。7月初，吴毅率小分队返回广东和平热水。此时，形势已发生了很大变化，和平常驻国民党一五二师一个团，继续搜山"清剿"。同时，国民党实行"绥靖""清乡""联防、联保、联甲"，强迫"自新"。凡是小分队住过的村庄，有过联系的人民群众及军人家属，深受其害，到处是一片白色恐怖。

部队转移到九连山广东境内一侧，设哨卡封住路口。敌人到处张贴反动告示"窝匪者杀！通匪者杀！知情不报者杀！"，以"十杀"的政策恐吓民众，断绝人民群众与部队的联系。敌人血腥镇压，使小分队与当地的群众关系被隔断，给养极其困难。战士们经过一段时间的折腾，个个面黄肌瘦，疲倦不堪。为了尽快摆脱遭敌围困、坐以待毙的局面，九连山区临时工委在江西定南三亨乡的密林中召开了会议，决定把这支队伍分成三部分进行隐蔽活动。由林镜秋、陈实棠带领18位同志到和平的彭寨、古寨隐蔽；由吴毅带领28位同志在粤边区隐蔽；其余12位同志由王彪带领到河西的船塘、老隆至河源公路沿线骚扰敌人并搞点经济。队伍分散为战、各自为战，开始了更加艰苦的斗争生活。

王彪率12位同志到船塘、上莞隐蔽。林镜秋、陈实棠率18位同志到古寨、彭寨隐蔽了两个多月。古寨嶂下地下党林连佑、肖逸臣、邓冠英（女）等同志组织群众给部队送来大米、番薯片。7月中旬，学校放暑假后，陈实棠率9位同志到彭寨华表村三省小学隐蔽了30多天，地方党组织干部陈荣章、曾宪拔是该校教师，对隐蔽同志的吃住倍加关照。白天武装小分队人员只能在楼上房子里，夜间才可在校园内活动。

吴毅率领28位同志继续留在粤赣边境。由于赣南地区的党组织遭国民党反动派破坏严重，人民群众在国民党军队"清乡""联保连坐"的高压政策下，无法接应部队。敌人更疯狂了，那些原来常与小分队接头的地下党员、堡垒户，由于坏人告密，有些已遭到敌伪的酷刑和枪杀。敌人经常派出搜索队到山坑用火力扫射，战士们不愿拖累乡亲们，只好走到离山村更远的深山老林里栖身隐藏。

吴毅带领的小分队隐蔽在九连山的崇山峻岭、千沟万壑之中，敌军虽然无法捉摸其行踪，但是那些山蚊、山苍蝇、山蚂蟥和毒蛇却防不胜防。这种日晒雨淋、风餐露宿原始式的生活，让战士们饥饿的躯体饱受摧残。为了让战士们有遮风挡雨的地方，吴毅带领战士们搭草房居住。草房搭起来后，战友们互相推让。男同志推让给女同志，女同志又让给年纪大的、身体差的战友和领导去住，最后在领导的"命令"下，伤病员和女同志先搬进去住。由于大部分战士来自珠江三角洲，没有山区生活经验，因而草房搭得不结实，一遇上连绵的阴雨天，草房内漏个不停。有时火种被淋灭了，无法生火煮饭，只能到20里外的堡垒户家中去借火。后来，小分队安排一名女战士专门负责保管火种，在下雨时将锅头翻转盖住柴炭余烬，才不致火灭断炊。

长期的日晒雨淋和穿走荆棘丛生的山道，使战士们的军衣破烂不堪，唯一的一套军衣补了又补，不仅谈不上更换，就是连补洞的小块布也没有。有的同志要补缀裤子，坐在竹床上用烂被盖住下身，将裤子脱下来缝补；有的同志只有一条裤子，脱下来洗净晒在石板上，然后光着屁股在溪水中或藏在草丛里，等裤子晾干后才穿上走出来。其中有个名叫廖发的同志因为仅有一套衣服，洗澡换衣时，只好向女同志借来一件从反动地主那儿没收来的女唐装大襟衫穿上。长头发、黑胡子，看上去男女难分。

战士们没有鞋穿，赤足走路，双脚经常被嶙峋的山石、尖刺的箕蔓割破，鲜血直流，但始终没有一个掉队的。几个女战士用鹧鸪丝草①编织了3双新草鞋给伤员穿，但谁也不愿穿，让来让去，最后大家决定给化装下山的同志穿。而下山的同志每次回来又把鞋脱下放好，待下次化装执行任务时才愿拿出来再穿。九连山的初秋，天寒地冻，单薄的衣衫、破烂的军毯难以御寒，大家只好身子挨着身子睡。吴毅有一条稍好的军毯，却成了3个同志共用的被盖。

自从决定分3支小分队各自隐蔽后，由吴毅率领的28人的小分队，营地设在遥远的深山丛林之中，几乎与世隔绝。起初，小分队派了家在热水乡的黄新（王李桂）化装回去，向他嫂子借了3担谷子。接着，通过热水乡的地下党员罗南星、王水泉等秘密送点米和杂粮之类的粮食，战士们每天还能吃上一顿杂粮稀粥。

---

① 鹧鸪丝草：植物名称。

可是后来敌军把黄新的嫂子抓走了，其他地下党员、堡垒户也无法与小分队接触，粮食接济不上，此后战士们每天连一顿稀粥都吃不上。为了生存，战士们只好挖野菜充饥，采摘一些野苋菜、野艾、飞机菜、野百合拌点番薯片煮来吃。虽然没有油，但放点盐，倒还可以充饥。然而吃过几餐就肠胃不适了，10个人有六七个人都患了病，严重者手脚浮肿，眼眉下垂；有的还得了夜盲症，一到傍晚就寸步难移。

在粤赣边境的一个小山窝里，小分队召开了一次党员会议。会上围绕缺粮问题进行了讨论，大家一致认为，无论任何艰难困苦都要坚持下去，一定要保护好"东江纵队第三支队"这面旗帜。大家想出了解决缺粮的三个办法：一是继续派人下山寻找地方党组织、堡垒户设法筹粮；二是派出一个3人的短枪组到外面去设流动税卡筹集经费；三是发动大家寻找能吃的山中野生动植物。在谈到筹粮时，卫生队队长江培荃把她结婚时留下的唯一纪念品一枚金戒指交给了领导，让战士们拿去换粮食。

随着隐蔽时间的不断延长，粮食危机越来越严重。下山去找粮的同志早出晚归，跑了上百里，还是常常空着米袋子回来。五六天不见一粒米已是常事。有一天，黄新从热水乡搞来二斗米。每天只用三四小竹角大米拌着野菜煮给大家吃，其余的留着给伤病员补充营养。面对这个窘境，除了走不动的伤病员外，其余同志全部出去寻找生计了。男同志到山里去抓狐狸、打山兔、抓鹧鸪、捉石蛤。江培荃、韩华英、韩元芳、钟云、张来喜等七八个女同志化装成山村农妇到山洞小溪摸石螺或田螺，或到山坑里挖竹笋、挖野菜等。寻野菜的同志生怕寻上毒物，就一种一种地尝。

在那无米下锅的日子里，许多不知名的野菜几乎都被战士们尝遍了。凡是无毒的都被采来充饥，无油、无盐，拌着凉水煮着吃。长期"野餐"，战士们被摧残得面容憔悴、骨瘦如柴。

8月，小分队折回热水茶园、新洞一带大山隐蔽。尽管当时反动军警对热水"清乡""搜捕"抓得更紧更严，可是地方党员和革命群众还是想尽一切办法为部队送来大米、番薯片等粮食。特别是新洞50多户贫困农民，他们的生活都很困难，但他们宁愿自己节衣缩食，也要坚持给部队送吃的。吴毅率小分队转移到和平县热水新洞隐蔽，连续20余天，全靠附近50多户贫农借粮维持，才渡过了难关。从1946年的初夏到1947年春恢复武装斗争，连和人民自卫总队的战士们在深山老林里熬过了100多个艰难的日日夜夜。

第三节 中共九连地区工作委员会、连和区分工委分别成立及其活动

1947年2月，中共九连地区工作委员会（简称"九连工委"）在香港成立，隶属香港分局领导。九连工委书记严尚民，常委钟俊贤、魏南金，委员吴毅、郑群、黄中强。

1947年7月，中共连和区分工委在和平县青州成立，隶属九连工委领导，管辖连平县的大湖、忠信及和平县西部地区。分工委书记由吴毅兼任，委员邓基、陈实棠、黄志猷。同年8—10月，分工委领导人员做了部分调整，分工委书记先后由钟应时、卓扬、骆维强担任，委员有邓基、陈实棠、黄志猷、王森喜、杨庆、叶吉祥、曾献章。

九连工委、连和区分工委成立后，对加强连平县党组织建设和宣传群众、发动群众，开展武装斗争，产生了极其重要的作用。

1947年3月，九连工委负责同志分别从香港到达河源黄村，召开了重要会议，研究了开展武装斗争的步骤。由于形势迅速发展，武装队伍不断壮大，培养和造就一批既有革命斗争觉悟，又有一定文化和军事知识的干部队伍，已经成了一个十分紧迫的课题。因此，九连工委决定举办青年干部训练班（简称"青干班"），以培养和造就一批干部，充实武装力量的领导。

同年6月24日，第一期青干班在青州正式开办。九连工委派邓基为指导员，黄柱昌为班主任。学员是来自连平、和平、河

源、兴宁、新丰和江西定南、龙南、全南等地的进步青年、学生，共120多人，编为3个小队，12个班。其中连平就有几十人。

九连工委先后举办了4期青干班，接受军政学习训练的有300多人。这些学员经过教育训练，树立了坚强的信念，掌握了一定的政治和军事知识，大部分成为部队和地方党组织的骨干，在残酷的斗争中经受了考验，体现了革命战士特别能战斗的精神。如江西定南三亨乡的几个学员，返回"三南"后很快组织了"三南队"，转战"三南"地区打击敌人。又如大湖乡的学员曾兴照，结业后担任连队文化教员，在1948年2月20日的反"扫荡"斗争中英勇战斗，后来在一次执行任务途中被敌人逮捕，他受尽酷刑也没有把党的机密告诉敌人，最后敌人毫无办法，把他活活刺死。在解放战争中，从九连山麓到东江两岸的广阔战场上，都留下了青干班学员的足迹，许多学员都成为武装斗争的骨干。

九连地区的破"清剿"、反"扫荡"斗争

恢复武装斗争以来，国民党军队加紧了对九连山革命根据地的进攻，对大湖、绣缎、三角、田源、隆街、陂头、贵东等地实施反革命的"清剿"和"扫荡"。在中国共产党的领导下，军民开展了艰苦卓绝的破"清剿"、反"扫荡"斗争，一场场战斗，一串串足迹，谱写出一曲曲赞歌。连平人民脚印叠着脚印、臂膀挽着臂膀，前仆后继，义无反顾，演绎了一幅幅绚丽多彩的人民解放斗争画卷，谱写了气吞山河、英勇悲壮的壮丽诗篇。

一、大湖军民三次反"扫荡"的斗争

九连工委机关设在青州，而大湖又是进入青州的重要门户之一。敌人妄图首先占据大湖，把大湖作为进攻九连山青州的"桥头堡"。国民党先后三次对大湖地区进行反革命"大扫荡"，大湖军民奋起抗击，取得了三次反"扫荡"的胜利，保卫了九连山革命根据地。

1948年3月11日，国民党广东省保安第五团一部、和平县警队400余人"扫荡"大湖。大湖军民数千人手持刀枪棍棒、肩扛土炮上阵，展开了第一次反"扫荡"，取得了反"扫荡"的胜利。

3月30日，国民党广东省保安第五团、和平县警队700多人，从连平忠信、和平眼坑两路包抄"扫荡"大湖。大湖军民同仇敌

忾，众志成城，组织1000多人投入反"扫荡"斗争，取得了第二次反"扫荡"的胜利。

敌人不甘心失败，于3月31日开始，对整个大湖地区发动了更加残酷的第三次"扫荡"，妄图将革命烈火扑灭。

面对着敌人的猖狂进攻，九连工委作出《第三次反"扫荡"斗争的工作指示》，对敌人"扫荡"的兵力部署、阴谋策略、进攻重点路线及战略战术进行了认真分析，制定了"打击敌人，坚持地区，保卫人民，保全力量，争取新的发展"的总方针；强调要防止轻敌的"左"倾拼命主义和惧敌的右倾逃跑主义两种错误倾向；号召全体军民同仇敌忾，坚决粉碎敌人的"扫荡"。在党的领导下，大湖军民与敌人展开了第三次反"扫荡"的浴血奋战。

1948年3月31日，国民党广东省保安第五团、保安第一团，第九十二旅二七六团，以及连平、和平、河源地方反动武装，出动5000多人，对九连游击区实施"清剿"，对大湖地区进行"扫荡"。党组织发动大湖、绣缎、三角等地的金溪、尚岭、上高屋、余屋、何新屋、上石板滩人民群众和十几支民兵队伍2000余人，上万群众，东从塔岭、西至洋塘岗，在长达10多千米忠（信）定（南）公路两侧，配合部队筑起了反"扫荡"的"钢铁长城"，组织了塔岭战斗及三角余屋反"扫荡"、石板滩反"围剿"、五果村反"扫荡"和何新屋阻击战等战斗。大湖军民与国民党军队展开激战，给敌人以重大杀伤，粉碎了敌人的第三次"扫荡"，挫败了国民党反动派进攻九连山革命根据地的图谋，扩大了解放区，以鲜血和生命谱写了一曲军民英勇抗敌的战斗凯歌。

二、田源、贵东的反"扫荡"

1948年3—4月，叶少雄领导的连南队（飞虎队）根据江北人民自卫总队反"围剿"的战斗部署，组织了茅布山反包围战斗、梅洞口战斗、水西战斗、石龙坎战斗和岑窖山反"围剿"，取得了田源反"扫荡"的胜利。

1948年8月1日，国民党翁源县驻军周济时部1个团700余人及连平联防队等地方反动武装，兵分三路对贵东乡大华、塘田、三坑等地进行"扫荡"，其重点是"围剿"大华村。敌人所到之处都遭到当地军民的顽强抗击。驻在大华村的北江第一支队第五大队战士及大华村党支部和民兵共40余人，在茶头庵抗击人数超过10倍的来犯之敌，战斗持续8个小时，毙敌连长1名，粉碎了敌人的"扫荡"。

在波澜壮阔的人民解放战争中，连平先后有150多位革命英烈英勇捐躯，谱写了可歌可泣的英雄业绩。在革命烈士纪念碑上，镌刻着革命烈士的英名；在革命烈士墓园中，长眠着革命先烈。这石碑、这青松、这鲜花，昭示着后人永远不要忘记鲜血染红的历史，永远不要忘记为新中国的诞生而牺牲的英烈！

连平人民革命斗争历史是革命先烈用鲜血和生命凝聚而成的，是一份极其宝贵的精神财富。革命先辈为了民族独立和人民解放而不惜抛头颅、洒热血的英勇牺牲精神，永远是激励后辈、震撼灵魂、鼓舞斗志、催人奋进的精神力量。

扭转九连地区战局的狮脑山战斗

　　大湖是连平县东南部的重镇，处于和平县、连平县忠信、河源县船塘三角地带之中，是通往九连山和九连地委、粤赣边支队司令部所在地河西上莞的重要门户。国民党在大湖派驻了保安第一团第三营，营部及其所属的160多人的加强连，把大湖作为进攻九连山的"桥头堡"。为了歼灭大湖守敌，粤赣边支队决定采取诱敌出击，包围聚歼的战术。能否全歼此敌，取得战斗胜利，对九连地区战局的根本转变关系极大。九连地委和粤赣边支队领导在战前进行了认真的研究和充分的准备，在全军上下进行思想动员，开展主动创模运动，组织党员"先锋班""尖刀班""火线立功参党班"等突击队伍，全体指战员情绪高涨。支队第三团桂林队排长曾超常在誓师大会上，咬破指头，撕下白衬衣布，写下"宁可舍我生命，也要夺回大湖"的血书。"珠江队"文化教员朱振汉，带头报名参加"钢铁决死队"，在战前誓师大会上高声朗读了写给母亲的遗书："党以真理教育我，我将高声歌唱，为人民求解放，奋勇冲向前"。在激烈的战斗中他奋不顾身扑向敌人的机枪而壮烈牺牲，牺牲时年仅16岁。

　　狮脑山海拔约400米，周围都是丘陵，主峰前面有两个小山头，小山头前面有一片开阔地，有利于伏击。1948年11月15日，粤赣边支队第三团4个连秘密进入伏击地点。其中两个连埋伏于狮脑山主峰前的两个小山头，另两个连埋伏于左右两侧山地，担负迂回侧击任务，形成"U"字形阵势。与此同时，熟悉当地情况的桂林队队长曾坤延率第一小分队到敌人驻地附近活动，诱敌出击。上午8时许，敌人发现小分队，倾巢出动，企图追歼。小分队且战且退，佯装败退，按预定路线步步诱敌深入。9时许，敌人全部进入伏击圈内，暴露于狮脑山前沿开阔地，支队第三团担任正面拦击的两个连队立即集中火力，迎头痛击敌人。装备精良的敌军以6挺机枪作掩护，向正面主阵地连队发起猛攻。连队被迫退至狮脑山主峰，顽强阻击，打退了敌人的数次进攻。10时左右，左右两翼部队绕到敌后两侧，将敌人包围，使之成为瓮中之鳖。敌人连续多次反击，妄图突围，均被击退。最后，参战部队四面包抄，紧缩包围圈，与敌展开白刃战，使敌全部被歼。此战，共毙伤敌70多人，俘虏35人，缴获轻机枪5挺，长、短枪50余支，掷弹筒5具；中国人民解放军粤赣边8队三团战士朱振汉等7人在战斗中牺牲。

大湖狮脑山战斗是九连地区变被动为主动，扭转战局的首次歼灭战，开创了歼灭敌人整连兵力的战例。

第六节

蓬勃兴起的乡村革命斗争

在革命斗争岁月中，连平人民为翻身解放开展了艰苦卓绝的斗争，连平的一些乡村的革命斗争如火如荼地展开。

忠信镇柘陂村是地下党活动较早的地方之一，是一个"红色村庄"。

1941年春，地下党员钟明（五华人）来到柘陂村华南小学任教，从事地下党的工作，宣传马克思列宁主义、抗日救亡的思想。不久，吸收吴建昌入党。1943年春，后东特委又派地下党负责人邓基到华南小学任教。邓基除了跟忠信、大湖地下党组织取得联系外，主要在柘陂开展抗日救亡、教育群众、发展党组织的工作。在大屋寨、新屋、文馆、新屋址等地办起4间新型农民识字夜校，入学200余人。既传授文化知识，也教唱抗日救亡歌曲；既宣传唯物辩证法，也宣传无神论。同时，在华南小学组织了一个地下党的外围组织——青年救亡读书会。吸收参加学习的有进步学生吴文辉、吴建昌、吴日杨、吴秀发、吴秀楚、吴克光、吴良佳、吴文信等。邓基向青年救亡读书会的学员宣讲敌后游击战争的故事，以及形势与前途。为了用马克思列宁主义教育年轻的一代，1944年上半年，地下党员邓基、何达文、罗楚生谱写了《华南小学校歌》。歌词是："忠信河畔柘陂村中，华南是我们的学校，在这里活跃着年轻的一代，在这里开辟着光明的大道啊！华南你是大时代的熔炉，你是新生命的保姆。同学们，同学们，新的时代已经来到，加强学习，顽强战斗，把我们炼成钢铁战士，来创造新的社会，新的柘陂！"当年，华南小学办了五年级，学生的思想觉悟和学习成绩迅速提高。

这4间新型农民识字夜校学员和华南小学学生经过启发教育，接受了进步思想，使不少人在解放斗争中表现坚强，成为革命的骨干力量。当时国民党政府通缉邓基，华南小学校长吴秀春组织群众保护邓基。1944年上半年，外地一批党员转移到柘陂。柘陂地下党组织把这批党员安置到张屋，以做"警钟"香烟为名，安全地掩蔽到1945年三四月。

1944年下半年，柘陂地下党组织大破神鬼论。当时是十年一次的"打醮"，乡绅们强迫农民出钱，在学校门前搭起一个"醮台"，请和尚念经，烧香发烛，闹了七天七夜。地下党组织通过进步青年、群众出面，在"醮台"的旁边搭起一个戏台，演出《一个病孩》的话剧。话剧的内容是，一个小孩病了，请和尚送鬼，送鬼的人未返回，那个病孩已经死去，辛辣地讽刺和揭露了神鬼论。许多群众不看"打醮"，而看地下党组织的"对台戏"，在附近几个乡村震动很大。

1944年冬，邓基参加东江纵队整风学习班学习回来，以连平特派员的身份，继续留在华南小学。邓基根据后东特委的指示，通知忠信、大湖地下党组织恢复组织生活。并在柘陂成立学生党小组，组长吴建昌；成立教师党支部，支部书记张增珠，共有党员10余人。

1945年春节期间，柘陂地下党组织的活动更加活跃起来。当时，华南小学来了一批党员教师，以教师和学生为主，加上韶关来了一些大学生党员，共20余人，组成了一个宣传队——醒狮团，前往大塘、高乾头等地宣传八路军、新四军和敌后游击的斗争故事。同时，在忠信街出版墙报、写标语，宣传坚持抗战，反对妥协；坚持团结，反对分裂；坚持进步，反对倒退等。

1946年暑期，吴建昌、吴文辉、吴文炯等在地下党组织的领导下，办起《柘陂新生》小报，揭露地主阶级的罪行花招，为人民群众反抗压迫剥削，谋求解放打下了思想基础。

1947年春，邓基、曾志云、杨庆、陈瑞等由香港返回九连山，柘陂地下党组织立即做好掩护和接待工作，并且派人护送他们到九连山。根据当时广东区党委指示，九连山地区恢复武装斗争，柘陂进步青年吴日扬首先参加了部队。六七月间，吴建昌、吴文炯、吴文辉等参加了九连山游击队青干班学习。青干班学习结束以后，这批骨干在邓基的带领下返回柘陂组织人民武装，参加了武装队伍"鸿雁队"。其中吴建昌成为部队一名优秀的指导员。

1947年农历九月开始到1948年秋，敌人先后组织了7次"围剿"柘陂行动，共杀害了5人，烧毁民房。在中国共产党的坚强领导下，柘陂群众始终没有向敌人屈服。相反，参军参战的人更多。1948年冬，以柘陂地下党员吴文辉等为骨干组成一个武工队，后来发展到100余人，活跃在连河公路沿线，成为打击敌人的一支坚强队伍。

1949年春夏，以柘陂为活动基地，武工队利用各种关系，大做争取瓦解敌军的工作，把合水联防队及油溪、忠信联防队等分化瓦解过来，迫使忠信反动武装200余人陷于孤立境地，配合解放军于农历四月二十九日胜利地解放了忠信镇。

大湖五果村地处连平县东南部，为连平、和平、河源三县边界的接合部。这里东、西、北三面环山，南面与河源黄沙一水相连，是九连山青州经大湖通往河西地区的重要通道。

1945年春，后东特委布置各地党组织恢复组织生活，开展党的活动，发展党的组织。连平、和平各地逐步恢复组织生活。抗日战争胜利前夕，五果村的进步青年曾玉泉、曾水森和曾南球等加入中国共产党。1946年春，中共五果村党支部成立，由曾玉泉任支部书记，曾南球任支部副书记。五果村党支部成立之后，在解放战争中，带领人民群众支援人民游击战争，不断培养、教育人民群众，在斗争中锻炼考验青年，使人民群众阶级觉悟不断提高，吸收了一批又一批进步人士参加中国共产党，使党支部在斗争中得到发展壮大。1947—1948年间，五果村的曾金才、曾坤扬、曾湘贤、曾信兴、曾宏针、曾福林、曾运伦、曾石南、曾武林、曾娘森、曾娘火、曾黄仁、曾克明、曾育祥、曾扬波、曾金彩、曾炳磷、曾裕元、曾文佑、曾佐平等人参加了党组织。1949年2月，人民武装部队在地方党的密切配合下包围了国民党大湖乡公所，迫敌缴械投降，大湖乡宣告解放。5月，三角乡也宣告解放。大湖、三角解放后，掀起了支援前线、参加革命的热潮，这时涌现了许多积极分子，五果村又有5位青年参加了党组织。到这时，五果村党支部共有党员将近30名，占全村成年人的20%。在解放战争中，五果村党支部带领人民群众支援游击战，配合人民子弟兵打击敌人、消灭敌人，为人民解放战争的胜利作出了应有的贡献。1949年初，中共九连地委、中共连和区工委授予五果村党支部"堡垒支部"的光荣称号。

敌人先后6次对五果村进行"扫荡""清剿"。不管敌人如何"扫荡""清剿"，五果村人民在党支部的领导下，始终如一地拥护、支援人民武装部队和革命斗争。

1948年春夏间，敌人以重兵进占大湖、三角一带之后，对九连山实行军事围困和封锁，以此切断人民武装部队与游击区人民群众的联系，妄图将部队困在深山老林中。一次，九连部队急需从大湖寨运送一批粮食进九连山。五果村党支部接受这一任务后，立即分头发动群众民兵50多人，由曾南球、曾其中、曾水森、曾石南、曾金才等带领，星夜由五果村秘密进入大湖寨，将粮食挑送到九连山。当时，到处是一片白色恐怖。国民党大湖乡公所驻地白云楼附近，岗哨林立，在进入九连山青州的路上设置了道道封锁线，送粮队要绕过敌人的岗楼，穿过敌人的封锁线，随时都有被敌人发觉而献出生命的危险。但是，送粮队的同志将生死置之度外，机警地越过敌人的封锁。当送粮队抵达尚岭时，天空一片漆黑，接着大雨降临，山坑水急剧上涨，小桥被山洪冲走。送粮队的同志泡在水齐腰深的山坑里，手拉手、肩并肩，将一箩箩的粮食传递过去。经过整整一夜的跋涉，终于在黎明时分将粮食送到部队司令部所在地青州。

由于连和区与河西区紧紧相连，部队常常要调动协同作战。由九连山到河西，或由河西进九连山，都要经过五果村。因而，五果村自然而然地成了部队和地方党来往的接待站。每当部队或地方党同志路过，五果村党支部和农会都想方设法做好接待工作，积极帮助解决食宿等问题。为了接待部队和地方党的干部，很多群众宁可自己节衣缩食，甚至忍饥挨饿，也要支援人民子弟兵。1948年6月，大田战斗前几天，桂林大队大队长曾坤宜、政治委员邓基、副大队长曾坤延等率领100多人，从河源车头开进五果村。当时正是青黄不接的饥荒月，加上敌人多次进攻和洗劫，五果村弹痕累累，满目疮痍，群众生活极为艰苦，要解决100多人的粮食问题确实难度极大。五果村党支部面对困难绝不推辞，曾献章、曾玉泉、曾南球、曾水森等党员干部带头将自己家里仅有的粮食拿出来献给部队。在党员干部的带动下，群众纷纷献粮、借粮。贫苦农民廖亚銮把自己家里仅有的两勺番薯片也拿出来送给部队。骆形屋有几户党员和群众把尚未成熟的早稻割了下来，用锅头炒干磨成米送给部队，就这样筹足了部队所需的粮食，为大田战斗的胜利提供了保障。据统计，从恢复武装斗争到1949年全区解放，五果村人民群众为部队献粮总数在千担以上，其他物资不计其数。

第七节 各地农民协会的建立及其革命活动

早在19世纪30年代，大湖、绣缎等地成立了农会组织，开展革命斗争。为配合武装斗争，迎接人民解放战争的到来，1946年以来，连平各地纷纷建立农会组织和民兵武装队伍，投入到轰轰烈烈的人民解放战争中去。

1946年8月，贵东成立了大华农民协会，1947年春，成立了贫雇农团，配合党领导的游击队开展革命活动，开展破仓分粮斗争，接济贫苦农民和支援部队给养。1947年秋，陂头成立了农会组织，开展"二五"减租斗争。

1947年7月间，田源籍的地下党员叶连鸣在和平县青州参加了九连工委举办的第一期青干班学习回来后，以田源小学教师的身份，开展革命斗争活动，做上层人士的统战工作和教育青年的工作。其间，由翁源地委领导的江北人民自卫总队也前往田源的长翠、永吉等地活动。这时，叶连鸣与溪山籍的地下党员叶少雄取得了联系，共同以白石湖、河背、梅洞口等地为立足点，逐渐把农民组织起来，开展合法斗争。八九月，在叶连鸣、叶少雄等的活动下，在梅洞口成立了田源第一个农会组织。随后，田源的永吉也成立了农会组织。

1947年下半年，中共中央香港分局提出要准备开展"大搞"的斗争，并要求各地要组织武装，扩大武装，反对敌人征兵、征粮、征税的"三征"暴政。根据上级党组织的指示精神，田源地下党进一步扩大农会组织。同年10月间，在叶连鸣、叶少雄的主持下，在田源腊树下庙召开了农民大会，宣告成立田源农会组织，会员达100余人。其时，新河农民协会亦已成立。1948年春，长翠农民协会成立，农会会长郑桂珠。

田源农会组织成立后，叶连鸣、叶少雄等又在田源着手成立人民武装。一些农会的骨干和会员参加了人民武装队伍，成为地方武装的骨干力量。

1947年12月26日，九连工委根据中共中央香港分局的指示，作出《关于大搞方针和任务的决定》，号召九连全区人民行动起来、组织起来，拿起武器与国民党反动派作坚决的斗争。

1948年2月下旬，三角乡200多人集结在桐岗坳头角，举行成立农会的动员大会。会后，各村即发动群众，建立了12个农会组织。3月10日，三角乡召开了12个农会会长会议，宣布成立三角乡农民协会总会，会员达3000人。

1948年春，大湖地区各村成立了农会组织，会员达万余人。3月5日，成立了大湖农民协会总会。

地下党组织通过大湖、绣缎、三角等地农会，在乡村中展开了清算恶霸地主、停租废债、建立乡镇政权、组织民兵、扩大武装、发展党的组织的运动。大湖、三角各乡村农会组织，配合部队开展行动，先后将一批反动地主擒拿归案，并破了他们的谷仓，强令其交出所有枪支弹药，视其罪恶大小分别做出处理。共计破粮仓20多个，出谷3000多个，既赈济了贫苦农民，又解决了部队的给养。

为了对付国民党反动派及恶霸地主的反扑，九连工委提出了"一手拿枪，一手分田"的战斗口号，大湖、三角的农会组织联合成立了武装工作队。大湖、三角各乡村农会组织，积极响应连和区分工委的号召，分别以各农会组织为单位，成立了民兵组织，共有千余人，并发动群众筹借枪支1000多支，捐献款项购买弹药。1948年3月，成立了九连、内莞农民协会，会员200多人，组织武装民兵50多人，配合九连山部队打击敌人，开展轰轰烈烈的减租减息、反"三征"和破仓分粮的斗争。大湖、三角、贵东、田源等地的农会组织和民兵武装队伍，特别是在1948年春开展的反击敌人"扫荡"和"清剿"斗争中作出了重要贡献，书写了老区人民配合主力部队献身武装斗争的壮丽篇章。

林若及其连东工作队在上坪的革命活动

原中共广东省委书记、省人大主任林若1944年春，以连东工作队负责人的身份，在连平上坪地区开展革命活动达半年之久。林若同志在连平的革命活动至今为连平人民所传颂。

上坪地处连平县东北部，是广东省通往江西省的咽喉之地，具有重要的战略意义，在这里开展革命活动，对推动九连地区的革命斗争具有重大意义。

1948年春，为了开辟新区，九连工委决定深入敌后，组建了上坪工作队，在队长黄怀章、副队长黄新带领下，经九连山进入上坪，开展革命活动。1949年春，连和县人民政府决定充实和加强上坪工作队的领导，在上坪开展解放斗争，将充实和加强领导力量后的上坪工作队更名为"连东工作队"，由长车大队大队长兼教导员林若任总负责人，黄怀章任队长，黄新任副队长。

1949年春节刚过，林若率领连东工作队20多人从和平县的青州出发，爬高山、穿密林，步行100余里，到达连平县的上坪。

到达上坪后，为了迅速打开上坪地区的政治局面，林若首先找到地下党员谢林忠了解情况，知道上坪的"三点会"组织在当地有一定的势力和影响，于是精选工作队员，打入"三点会"组织，开展统战工作。同时，深入群众，访贫问苦，激发农民的阶级觉悟，大力开展革命宣传活动。林若亲自起草了一份备忘录，内容主要是宣传共产党怎样为穷人翻身解放奋斗，印成传单，广为散发，号召人民群众要起来与封建地主阶级和国民党反动派进行斗争。

1949年3月10日，粤赣湘边纵队东江第二支队第三团4个连300余人进兵解放上坪，林若带领连东工作队全体队员及当地群众80余人，配合部队解放上坪，打开国民党上坪乡公所大门，将500余担仓谷分给老百姓，群情振奋，民心大快。上坪的解放，使当地土匪恶霸和国民党连平县政府惊恐万状。4月21日，国民党连平县政府以上坪有"共匪"暴动为由，出动县保安队一个连的兵力，气势汹汹抵达上坪镇压"共匪"暴动。保安队一进入上坪，便进村逐户搜查，妄图将游击队员和连东工作队一网打尽。但是工作队早有准备，及时撤离到山中。

第二天，林若接到情报，保安队要撤回连平县城，便率领工作队，组织了上坪群众40余人，埋伏在敌人返回连平县城的必经之地黄泥岗山上。上午10时左右，待敌人进入伏击圈后，林若大手一挥，霎时，黄泥岗上枪声大响，杀声震天，猝不及防的敌人丢盔弃甲，四处溃逃。林若遣兵黄泥岗上伏击敌人，打退了敌人的"进剿"，保卫了新生的人民政权。

1949年7月下旬，林若带领的连东工作队胜利地完成了上坪地区的解放斗争任务，继续投入到解放新区的战斗中。

第九节　北江第一支队在陂头、贵东开展的武装斗争

1945年冬，翁源县地下党派出党员刘日晖来到贵联山口村、贵塘村一带，在贵塘小学以教书为名作掩护，暗中进行革命活动，传播革命思想。刘日晖很快就团结教育了部分先进青年起来参加革命，如在学校教书的丘统仁，山口村的青年农民刘连光、丘钦佑等人带头参加地下革命活动，播下了革命的种子。

1946年春节后，为加快开展翁北和贵东地区的革命活动，粤赣先遣支队司令员何俊才、副司令员黄桐华、政治部主任林名勋派遣连（平）翁（源）全（南）龙（南）总队长叶镜和涂锡鹏、沈式添（第五大队大队长）、杨克（政委），率领李群、梁增托、罗志文、张九、叶球、董番、郭廉欧、许如东、柯丹（杨克妻子）、庄静、丘钦佑、蓝继灿等10多位同志，化装成商人来到连平的陂头、贵东乡贵塘、蒲田（嶂背）、大华、塘田（三坑）、花山等村秘密进行活动，成立了北极游击小组（对外称"冬防队"，实际上是游击队），队长丘钦佑，队员有丘深佑、丘治平、张育增、张利、朱佛古等10多人（后并入第五大队）。冬防队对外公开的任务是保卫社会治安和来往行人的安全，实际任务是筹集游击队的活动经费和枪支弹药，为发展壮大贵东地区的武装力量做准备。

1946年8月，叶镜、沈式添、杨克等同志经过认真分析和近半年对贵东乡革命形势的观察了解，认为时机已经成熟，必须尽

快把贵东地区的进步人士组织起来，形成一支强有力的革命力量，遂决定成立自己的武装队伍。同月，在大华村围下屋王福模家成立了农民兄弟会（即农民协会），会长王福模，副会长王振华，会员有邹志、刘彩贤、刘燕贤、罗元楷、钟兰苟等10多人，还配备了枪支。其主要任务是开展减租减息的斗争。

1947年初春，为扩大农会组织，加强对农会斗争的领导，叶镜、沈式添、杨克等同志决定在大华村围下屋王福模家成立贫雇农团（实际上是农民协会扩大，对外称"游击队"），团长刘悦均，副团长王振华，团员有王福模、王足模、王满苟、邹志、罗世衍、刘之佳、王干添等20多人。当时要求加入贫雇农团的群众非常踊跃，多达200余人。这是贵东地区由共产党领导的第一支农民革命武装队伍。

1947年5月，地处连（平）翁（源）边区的贵东大华党支部成立后，为迅速将武装斗争在连翁边区全面铺开，根据上级党组织的指示，活动于北江一带的粤赣先遣支队分别成立了人民自卫总队和直属大队，进一步开展人民游击战争。同月，在连翁边区成立了第五大队，大队长沈式添，政委杨克，副大队长罗志文。并在陂头腊溪成立了武装队伍"龙凤队"。第五大队成立后，以贵塘、山口、黄沙坑、楼下等地为主要活动地区。以短小精悍的武工队形式，在连平贵东的大华、塘田、大坑、花山，陂头的桂竹、夏田、腊溪、资溪以及分水坳等地开展游击斗争活动，并挺进到江西省的"三南"区域。从此，武装斗争的烈火在陂头、贵东地区熊熊燃起。

贵东地区的革命活动，震慑了当地的土匪和反动势力。当时，盘踞陂头、贵东的连平县"剿共大队长"谢岳臣和贵东镇反动势力头目张翰轩纠合国民党翁源县县长官家骥，先后带兵到翁源县贵联乡山口村、新街，贵东乡大华村、塘田村（三坑），进行多次"扫荡"。党组织发动农会组织和人民武装力量，先后进行了五次艰苦卓绝的反"扫荡"。

第一次反"扫荡"是在1947年3月，当时正值插秧时节。谢岳臣、张翰轩率领国民党联防队100多人进入大华村。游击队秘密得到了消息，早已做好了战斗的准备，组织游击队员在大华冬瓜岭拦路阻击，打退了敌人的第一次"扫荡"。

第二次反"扫荡"是在同年4月，谢岳臣、张翰轩及国民党陂头区公所巡官谢国周，率领陂头、贵东的联防队100多人"进剿"大华村。大华村民兵点燃松树大炮，顽强打击敌人，击毙敌军3人，击伤数人，打退了敌人的第二次"扫荡"。

9月中旬，贵东军民进行了第三次反"扫荡"战斗。国民党翁源县县长官家骥纠合连平县"剿共"大队长谢岳臣及联防队共180多人，兵分两路"围剿"塘田、大华村。游击队员在刘屋背山岗山阻击，战斗持续了两个多小时，取得了第三次反"扫荡"的胜利。

10月中旬，鉴于贵东乡革命斗争形势发展的需要，为了扩大革命斗争的成果，贵东大华党支部领导决定把贵东乡其他几个村的民兵和大华东和队联合起来，形成更加强有力的革命武装力量，成立了贵东民兵中队，共100多人。同月下旬，组织了对敌人的第四次反"扫荡"战斗。

11月初，粤赣先遣支队第五大队和贵东民兵中队组织了对敌人的第五次反"扫荡"战斗。国民党连平县县长梁英华带领"剿共"大队长谢岳臣及联防队，共200余人，全副武装"进剿"贵东乡，声称"要横扫陂头资溪，踏平贵东嶂背，烧尽贵东街，消灭'共匪'第五大队和贵东民兵中队"。贵东军民同仇敌忾，筑起了反"扫荡"的铜墙铁壁，采用"赶鸡进笼"的战术，伏击来犯之敌，击退了敌人的第五次"扫荡"。

　　贵东民兵中队成立以来，一直在大华党支部的领导下紧密配合粤赣先遣支队第五大队积极开展反"扫荡"斗争，虽然缺少枪支弹药，但队员们毫不气馁，积极发动群众，因地制宜、土法上马，用松树做大炮，自制火药，用土炮、火药枪、马刀与敌人进行浴血奋战，狠狠地打击了敌人的嚣张气焰，取得了节节胜利。

第六章

连平的解放与迎军支前

连平全境的解放

1949年1月下旬，连和地区的武装部队发起了解放大湖全境的战斗，组织200余人的兵力，攻打国民党连平县大湖乡公所驻地白云楼，以强大军事压力和政治攻势迫使敌人缴械投降。2月3日，大湖乡宣告解放。

3月初，粤赣湘边纵队东江第二支队第三团挥师北上，首先解放与和平县青州一山之隔的忠信区高陂乡。3月10日，在林若带领的连东工作队的配合下，东江第二支队第三团攻占上坪乡公所，随后解放了下坪、内莞。上坪、下坪、内莞、九潭等地宣告解放。

5月26日，通过政治攻势，迫使忠信地区的国民党地方联防武装70余人"反正"起义，配合驻守柘陂的武工队包围国民党忠信区政府，迫敌30余人缴械投降，忠信宣告解放。次日，忠信镇外围的国民党联防队见大势已去，宣布起义投诚。此外，三角乡也于5月24日宣告解放。

忠信解放后，奉东江第二支队政治部之命，将连（平）和（平）县人民政府分设，分别设立连平县人民政府、和平县人民政府。6月2日，中共连平县委员会、连平县人民政府在忠信镇（长安旅店）同时成立。

1949年夏，活动于新（丰）连（平）河（源）边区的东江第二支队第二团接连取得了八战八捷的重大胜利，解放了新连河边区广大乡村。5月下旬，为摧毁隆街各敌据点，东江第二支队第二团在地方武装和民兵的配合下，于5月26日攻克水西，迫敌投降，新连河边区重要据点水西宣告解放。27日，部队攻克科罗、百叟，迫敌投降，缴获枪械及粮食一大批。

水西、科罗、百叟及新丰县马头解放后，东江第二支队第二团乘胜进击，由副团长郑大东率部300余人将隆街区守敌包围，迫使国民党隆街区区长叶少臣缴械投降，5月27日隆街宣告解放。

6月20日，解放连平县城的战斗打响。下午3时，国民党独九旅派出一个团的兵力由翁源方向支援连平受困之敌，分两路向粤赣湘边纵队独立第六团所部疯狂反扑，独立第六团攻城部队受阻，撤退到大埠等地。驻守连平县城残敌于是连夜逃往陂头。6月21日，独立第六团分三路进逼连平县城，连平县城宣告解放。连平县城解放后，中共连平县委、连平县人民政府随即从忠信镇迁往县城办公，并成立了以魏洪涛为主任，中共连平县委书记、县长邓基为副主任的军事管制委员会。6月24日，独立第六团奉命南下，配合兄弟部队解放东江沿岸地区，连平县军事管制委员会主任由东江第二支队第二团团长龙景山接任。

9月15日，流亡于陂头的国民党残敌300余人，经李洞南逃。曾坤宜、曾宗率领东江第二支队第五团第一营两个连队奉命跟踪追歼，在黄梅崀一带与敌相遇。经激战，敌逃窜。部队冲入碉楼，缴获电台及军用物资一批。

黄梅崀战斗后，9月16日，国民党连平县"剿共大队"、县警大队大队长谢岳臣率残部潜逃至胡庵山，继续负隅顽抗。粤赣湘边纵队北江第一支队独立第二大队政治委员杨克率领部队将胡庵山一带重重包围，并采取政治攻势，迫使残敌谢岳臣部195人缴械投降。缴获轻、重机枪5挺，长、短枪215支。至此，陂头区解放，标志着连平全境解放。连平人民从此迈进了社会主义新时代。

第二节 迎军支前工作的开展

1949年夏，连平县城及广大乡村解放后，连平革命老区掀起了迎接人民解放军入粤作战、支援前线的工作热潮，纷纷派出民兵和民工，老区群众踊跃组成民工队，配合粤赣湘边纵队东江第二支队解放东江上游各城镇和乡村的战斗。尤其是大湖解放区的人民群众，支前热情更加高涨。5月下旬，当东江第二支队进军和平，解放和平县城时，大湖解放区的民兵在大湖区委的带领下，发动100多人的民兵队伍，支援东江第二支队主力部队，进入和平县城维护治安，安抚民众，开展宣传活动。东江第二支队主力部队发起解放连平县城的战斗时，大湖、忠信发动民兵、群众数百人跟随部队进军连平县城，为部队当向导、运物资、抬担架。连南、陂头、贵东解放区的人民群众也在地方党组织的带动下，积极支援前线，为解放区的巩固和扩大做了大量的工作。

根据中共九连地委的指示，为了做好迎军支前工作，8月，中共连平县委、连平县人民政府成立了以邓基为主任的迎军支前委员会，各区也成立了以区委书记或区长为主任的迎军支前委员会，各乡设立迎军支前指挥所，村设立支前指挥员。连平县迎军支前委员会下设秘书组、宣传组、民工组、招待组、联络组。连平县人民政府发出指示，号召解放区人民群众有钱出钱、有力出力、有粮出粮、有物出物。同时，开展村与村、乡与乡、区与区之间的支前行动竞赛活动。在迎军支前委员会的领导下，连平解放区迅速掀起了迎军支前的群众热潮。9月10日，中共连平县委、连平县人民政府在忠信洋塘岗举行了隆重的迎军大检阅。接受检阅的有支前民兵、支前民工队和各种迎军团体共4.8万多人。在迎军检阅大会中，当场掀起了迎军支前捐献热潮。在整个迎军支前运动中，当时仅有12万人口的连平县就捐献粮食4万担、生猪400头、花生550担、木柴8800担。

各区、乡青年踊跃报名参加支前民工队，特别是大湖乡报名参加支前民工队的青年尤为踊跃，经过挑选，300名青壮年组成支前民工队，分成3个中队：第一中队为运输队，第二中队为修路队，第三中队为宣传队。这3个中队随南下野战军两广纵队抵达河源后，在河源迎军支前委员会的统一安排下，开展运送物资，修筑道路、桥梁及宣传等支前工作。支前工作结束时，河源县人民政府举行了隆重的庆功大会，感谢连平县支前民工队在支前工作中所作的贡献，并给连平县支前民工队授予三面大红旗，彰显了连平老区人民的博大情怀。

7

第七章
社会主义过渡时期的发展

中共连平县委员会、连平县人民政府的成立

1949年6月2日，根据中共九连地委关于连和县分立的指示，成立中共连平县委员会。中共连平县委辖惠化区（第一区）、陂头区（银梅区，后称第二区）、隆街区（长吉区，后称第三区）、忠信区（第四区）4个区工委，1个乡党总支部（大湖乡总支部），16个党支部，84个党小组，党组织得到了进一步巩固和发展。

同年6月，连和县人民政府分别设置为连平、和平县人民政府。连平县人民政府县长邓基，副县长曾献章。连平县人民政府设置公安局、民政科、财政科、文教科、建设科、供销合作总社等政府职能机构，下辖惠化区公所、隆街区公所、陂头区公所、忠信区公所和元善镇、忠信镇两个镇人民政府，177个村人民政府。

中共连平县委和连平县人民政府成立后，开展了全面的接管工作，召开各界人民代表会议和建立群团组织，发挥人民群众当家作主作用，动员和组织全县人民迅速医治战争创伤，参与各项社会主义改革和经济建设。中共连平县委、连平县人民政府于1950年4月至1953年3月，先后召开了5届各界人民代表会议，充分体现了人民当家作主的政治制度和新政权形式。1950—1956年，先后组建了连平县农民协会、连平县民主妇女联合会、连平县总工会、新民主主义青年团等群团组织。

中共连平县委和连平县人民政府成立后，带领着老区人民，全面实现由新民主主义向社会主义的历史性转变。

清匪反霸和镇压反革命 巩固新生的人民政权

中华人民共和国刚成立时，一批残余的国民党反动派武装力量及反动军政人员与地主、恶霸、反动会道门勾结在一起，以土匪游击战方式与人民政府为敌，这些遗留下来的反革命分子相互勾结、为非作歹，企图颠覆新生的人民政权，社会治安和人民群众生命财产安全受到严重威胁。

为了打击反革命分子的嚣张气焰，中共中央于1950年3月18日发出《关于镇压反革命活动的指示》，7月，政务院、最高人民法院也发出关于镇压反革命活动的指示，要求各地根据《中国人民政治协商会议共同纲领》的规定，镇压一切反革命活动，严厉严惩一切勾结帝国主义、背叛祖国、反对人民民主事业的国民党反革命战争罪犯和其他怙恶不悛的反革命首要分子。10月，中共中央再次发出《关于镇压反革命活动的指示》，强调必须坚决地肃清一切危害人民的土匪、特务、恶霸及其他反革命分子。

根据中共中央的指示精神，连平县成立了以县委书记兼县长邓基为主任委员、县公安局局长程佩洲为副主任委员的镇压反革命指挥所，在中共连平县委的领导下，县公安局采取了强有力的措施迅速开展声势浩大的清匪反霸和镇压反革命行动。首先，广泛发动群众参加镇压反革命运动，全县建立治安互助组776个，6个乡建立了治安保卫委员会。这些群众组织的建立，促进了警、政、民三方面的密切配合，为搞好城镇治安管理增添了力量。在各地农村，除了加强民兵、农民协会等组织建设的同时，各区设置公安助理员和派遣侦察员，并在地理位置复杂及边远的区、乡设立公安派出所。在第四区（忠信区）设立公安分局，对稳定社会治安秩序起到了重要作用。连平县根据《中华人民共和国惩治反革命条例》，制订出"镇反"计划。1951年7月，连平县第三届各界人民代表会议召开，通过决议，坚决拥护中央人民政府颁布的《中华人民共和国惩治反革命条例》，作出深入开展"八字"运动，完成土地革命，肃清反革命分子，巩固人民民主专政等决议，号召全县人民群众为彻底肃清反革命分子而斗争。中共连平县委根据中共东江地委的指示精神，于1951年6月间成立了连平县清匪委员会，以县长骆仰文为主任，县公安局局长程佩洲为副主任，随后各区也成立清匪委员会，开展了声势浩大的清匪反霸和镇压反革命行动。至1951年底，连平境内股匪全部消灭，散匪也基本肃清。全县共捕获土匪565人。全县社会治安逐步稳定，新生的人民政权得以巩固。

土地改革运动

　　土地改革运动是一场前所未有的农村变革。连平县在全县开展了土地改革运动，分三批42个乡、1个镇进行，总计18266户、75091人，从1952年12月8日开始至1953年3月16日结束，历时100天。全县土地改革运动，大致分为"进行'清匪反霸，退租退押'的'八字'运动补课、划分阶级、没收征收、土地分配、总结"五个步骤进行。

　　通过土地改革，一是从根本上改变了农村封建剥削生产关系。据土地改革时83个乡、镇的统计，全县共没收、征收土地136312亩，占土地总面积199957亩的68.1%；没收、征收房屋19572间，耕牛2333头，农具6926件。在各级党委的领导下，土地改革运动通过广泛发动广大劳苦大众，打垮了地主剥削阶级，彻底地摧毁了几千年来以封建制度为基础的地主阶级土地所有制，广大农民分得了土地，真正实现了"耕者有其田"，成为新社会的主人，建立了以贫农为主体的农民土地所有制，这是一个伟大的历史性的胜利。土地改革运动，从根本上消灭了封建剥削制度的经济基础，极大地解放和发展了社会生产力，为恢复国民经济，为建立社会主义经济制度，为经济建设工作的第一个五年计划奠定了基础，同时也为其他各项民主改革运动的开展创造了良好的条件。

　　二是使农民在政治上成为主人，大大地巩固了工农联盟和人民民主专政。土地改革运动，进一步肃清了土匪和反动的地主武装，锻炼和培养了大批基层干部，并且真正把农民发动和组织起来，全县每个乡都建立了基层政权和农民协会，农会会员占农村总人口的35%以上，全县涌现出土地改革积极分子524人，培养党、团对象89人。共产党和人民政府在农民中的威信进一步提高，党在农村的阵地进一步巩固。

三是封建思想受到冲击，农民政治觉悟大大提高。经过土地改革，形成了团结互助的新风尚。妇女翻了身，积极参加政治运动和生产活动。农民学文化的热潮空前高涨，普遍办起了扫盲班和夜校，整个农村显现出欣欣向荣的气象。

抗美援朝　保家卫国

　　1950年6月25日，朝鲜战争爆发。随后战火烧到鸭绿江边，严重威胁中华人民共和国的安全。在严重形势下，中共中央从挽救朝鲜危局、保卫祖国安全以及维护亚洲与世界和平的根本立场出发，作出"抗美援朝，保家卫国"的战略决策。

　　中共连平县委积极响应中共中央的号召，成立了抗美援朝组织领导机构，并根据中共东江地委的指示精神，调整了土地改革运动计划，将主要精力集中到开展"抗美援朝，保家卫国"上来。1950年8月间，连平县成立中国保卫世界和平大会委员会连平分会后，全县人民群众踊跃参加保卫和平签名运动。

　　随后，各群众团体普遍订立爱国公约，开展爱国捐献运动，全县掀起了抗美援朝运动高潮。据统计，至1951年10月，全县捐款和实物折款达到1亿元（旧币），捐献稻谷1.5万石，大大超过全县认捐数目，并一季超额完成全年粮食征收任务，超额7000多石。①

　　在开展捐款运动的同时，各区、乡响应第三届各界人民代表会议的号召，家家户户制订爱国公约，纷纷表示要努力发展生

---

　　①　《有步骤有计划开展土地改革运动，争取明年冬胜利完成全县土地改革——连平县人民政府土地改革委员会半年来土改工作报告》（1951年10月20日），连平县档案馆藏。

产，厉行节约，支援国家建设；保证多交爱国公粮，送好粮，支援前线打击美国侵略者；踊跃募捐，慰劳志愿军；积极参加助耕队，做好优待烈军属的工作。爱国公约的制订，使宣传发动工作具体落实到各家各户，把每个公民的爱国思想与爱国的实际行动紧紧地联系起来，使支援抗美援朝形成全县性的群众运动。

抗美援朝运动开展后，在中共连平县委及各区、乡党组织的动员组织下，各地分别召开青年座谈会、家长会、母亲会、妇女会等大小会议，号召在"八字"运动中涌现出来的积极青年和民兵带头报名参军，动员父母支持儿子、妻子支持丈夫当兵保家卫国。连平县青年的爱国热情不断高涨，积极报名参加中国人民志愿军，要求入朝作战的人越来越多，仅在1951年夏、秋两次征兵活动中，全县就有7000多名青年报名参加志愿军，超出上级下达给连平的任务的6倍以上。从1951年6月至1952年9月，全县先后有三批青年报名参加中国人民志愿军，出现了许多父母送子、妻送夫、兄弟同时参军上前线的感人情景和事例，充分彰显了老区人民保家卫国的情怀。1950—1954年，全县共有1375人自愿加入中国人民志愿军，其中1056人参加中国人民志愿军入朝作战。他们在朝鲜战场上与朝鲜人民并肩作战，不怕流血牺牲，表现出了高度的爱国主义、国际主义和革命英雄主义精神，他们中间涌现了不少英雄人物，其中黄汝琴、陈夫、吴忠、黄振光、何球、赖启初、谢方育、谢瑞禄等连平的志愿军战士英勇牺牲在朝鲜战场上。

第一个五年计划的制定与实施

　　为了贯彻党在过渡时期的总路线，迅速发展生产力，从1953年起，国家开始执行发展国民经济的第一个五年计划（1953—1957年）。第一个五年计划的实施，既是国家由新民主主义向社会主义过渡的重大步骤，也是大规模的有计划的社会主义建设的开始。

　　根据党的过渡时期的总路线、总任务和国家第一个五年计划的目标方向以及连平的实际情况，中共连平县委于1954年7月制订了连平县第一个五年计划。

　　连平县第一个五年计划由农业生产、林业生产、农田水利建设、手工业互助合作发展四个方面的五年计划组成。为实现生产计划，连平县第一个五年计划提出了具体的措施：一是大力兴修水利，建筑山塘、水库、水陂，扩大农田灌溉面积；二是大量积制土肥，增施肥料；三是推广先进生产技术，以互助合作社为重点，组织农技推广网，实行改良技术繁殖良种示范推广工作；四是防治病虫害；五是推广使用新式农具，在农业合作社推行新型铧犁；六是发动群众开荒造田，利用荒山、荒地扩大经济作物种植面积，扩大生产，增加农民收入。

　　由于注重调查研究，并从客观实际出发制订计划指标，连平县第一个五年计划在实施过程中得到了较好的贯彻落实。在中共连平县委的领导下，经过全县人民的共同努力，第一个五年计划的各项指标都能按计划顺利完成或提前超额完成，国民经济得到健康稳步发展。广大农村在完成土地改革的基础上，开展了对农业、手工业和私营工商业的社会主义改造。农民分得了土地，翻身做了主人，生产积极性空前提高，大搞治山、治水等农田水利基本建设，粮食产量稳步上升，农业生产得到快速发展，粮食产量逐年增加。1955年，官陂乡水稻亩产超千斤，成为粤北区第一个水稻亩产"千斤乡"。1956年，全县涌现7个水稻亩产"千斤乡"，24个粮食"千斤社"，连平县先后被评为广东省、粤北区水稻亩产"红旗县"。1957年，官陂、高陂、新镇、隆兴4个乡粮食亩产超千斤，全县36个农业社粮食亩产超千斤，连平县被评为广东省粮食生产"特等模范县"。全县平均每户社员收入290元，每人纯收入70.7元。全县粮食单位产量、复种指数、消灭普通水旱灾、广播网等提前10年达到《全国农业发展纲要》的目标要求。

随着农业生产的发展、粮食的逐年增产，连平县由历史的缺粮县变为余粮县，超额完成公粮征购和余粮收购任务，农业总产值大幅度增长，农民收入逐年增加。资本主义工商业和手工业的社会主义改造完成后，经过公私合营和建立生产合作社，连平县的工业也有了一定的发展，先后建立了火力发电厂2间、松香厂1间、炼铁厂1间、印刷厂1间、农机修理厂1间。1957年，全县工业总产值达到332万元，比1952年增长12.3倍，开始建立起地方国营工业经济，并发展了一批手工业集体企业，为连平县工业的发展初步打下了一定基础。由于提前和超额完成第一个五年计划，农业社实现了"三个90%"，全县粮食单位产量、复种指数、消灭普通水旱灾、广播网等提前10年达到《全国农业发展纲要》的目标要求，连平县被评为"全国农业先进县"，受到了国务院的表彰。

农业互助合作化运动

　　经过土地改革，农业生产力获得初步解放，但仍存在很大局限性。1953年2月15日，中共中央通过《关于农村生产互助合作的决议》。12月，中共中央又发出《关于发展农业生产合作社的决议》，指出：逐步实现农业的社会主义改造，进一步提高农业生产力，是共产党在农村中最根本的任务。中共连平县委、县人民政府认真宣传和执行中央的决议，发动农民组织生产互助组，引导农民走集体化道路。

　　互助组是在保持土地等生产资料农民私有和自主经营的基础上，按照生产的实际需要和自愿互利的原则，由农民自愿结合组成的。在具体做法上，首先组织临时性、季节性的互助组，再从中选择基础好、骨干强的组，加强引导和帮助，使之逐步发展为常年互助组。互助组组长由民主选举产生，大多数是乡、村干部和中共党员、青年团员。无论是临时还是常年互助组，都是实行劳动互助，组员之间的帮工包括人工和牛工，通过换算，其超出部分按社会工价付酬，临时互助组在农闲散伙时结算，常年互助组半年或年终才结算。组织互助组，解决了土地改革后刚分到土地的贫困农民的许多实际困难，深受农民欢迎。到1952年底，全县共组织常年互助组738个，3546户；共组织临时互助组4087个，16365户。互助组运动符合农民特别是贫雇农的要求，其发展是健康的。互助组组织起来以后，农民互助互利，生产积极性空前提高，促进了农业生产发展。

1954年开始，连平逐步实现半社会主义性质的初级农业生产合作化。初级农业生产合作社是一种以生产资料私有制为基础的生产合作形式。首先确定在互助合作基础比较好的第四区官陂乡试办初级农业生产合作社，取得经验，逐步推广，到1956年春耕前，全县初级农业生产合作社总数达到743个，入社农户2.88万户，占全县总农户的93.7%，基本上实现了全县半农业生产合作化，组织和引导农民走上了集体化道路。1955年11月，县委仍以第四区官陂乡为试点，将初级农业生产合作社转为高级农业生产合作社，以此带动全县初级农业生产合作社转为高级农业生产合作社。

官陂乡红星社是全县最早成立的初级社。从初级社转为高级社后，红星社社员在党支部的带领下，团结一致，积极生产，开荒扩种，增加肥料，改造耕作技术，战胜自然灾害，连续夺得农业大丰收。1955年12月《南方日报》报道："粤北区连平县官陂乡，对水稻采取小科密植为中心的技术改造和多犁耙、多施肥的耕作方法，全乡882亩双造水田，平均每亩年产量达1013斤，最高亩产达1360斤，成为粤北第一个年亩产水稻千斤的'千斤乡'。"与此同时，官陂乡大力发展多种经营，组织富余劳动力进行多种经营和副业生产，社员不但多分了粮食，而且增加了经济收入。全社338户社员有96%以上都比初级社时增加了粮食和分红收入。红星社由初级社转为高级社后，发展生产，迅速改变落后面貌，提高社员生活水平的事例，在全县产生了很大的影响，成为升级并社的强劲推动力，一个以红星社为榜样的由初级社转为高级社的升级并社高潮在全县迅速展开。到1956年春耕前，全县共有64个初级社转为高级社，转为高级社的农户达16666户，占全县总农户的46%。

　　在当时的历史背景下，合作社把农民组织起来，兴修了许多水利工程，进行了大规模的农田基本建设，增强了抵御自然灾害的能力，促进了农业生产的发展。一些合作社还办起了小型企业和托儿所、幼儿园等福利事业，推动了农村经济发展和社会进步。

第七节 对私营工商业和手工业的改造

　　1953年6月，中共中央政治局扩大会议确定对资本主义工商业采取利用、限制、改造的方针，决定对资本主义工商业进行社会主义改造。1954年6月，中共中央转发了全国第三次手工业生产合作会议的报告，指出：对手工业进行社会主义改造。一场对资本主义工商业和手工业的社会主义改造运动在全国铺开。

　　根据中共中央的指示，中共连平县委成立了对私营工商业改造领导小组，下设中共连平县委私营工商业改造办公室，配备专职干部3人；另设连平县商业局私营工商业改造办公室，负责县城的私营工商业改造工作；合作总社设私营工商业改造科，负责农村的私营工商业改造工作。此外，在手工业科设立合作化办公室，负责手工业改造。县城的纺织公司、百货公司、贸易公司、专卖公司及粮食局设立私营工商业改造股，各区供销社配备专责专管人员。

　　1955年底，全县掀起了各行业公私合营的高潮。至1956年底，私营商业的社会主义改造基本完成。全县326户私营商业中，转为国营的28户，转为各种形式合营的231户，共占私营商业总数的79.4%。其中，城镇私营商业户114户，纳入各种形式合营的106户，占93%。至1957年，连平县对私营商业的社会主义改造全面完成。

　　1955年，全县掀起了对手工业社会主义改造的高潮。到1956

年6月，除了没有改造价值的迷信品手工业行业之外，全县组织手工业合作社78个，1172人，占手工业总人数的99.6%。从此，手工业结束了分散、保守、互为排斥的历史和落后的生产方式，走上了集体合作的社会主义道路。

第八节 文化、教育、卫生和体育事业的发展

中华人民共和国成立后，在社会主义过渡时期，随着国民经济的恢复和发展，连平县文化、教育、卫生和体育等社会事业也得到发展。

1950年春，中共连平县委、县人民政府贯彻全国第一次教育工作会议确定的"教育必须为国家建设服务，教育必须为工农开门，改造旧教育，发展新教育"方针，对原来的中小学进行了有效的整顿和改造。1950年秋，连平县人民政府正式接管全县中学，1952年秋接管全县小学。各学校的面貌焕然一新，学生人数迅速增加。1950年，全县中小学校75所，在校学生11637人，教职员工357人。1955年，根据中央"整顿巩固，重点发展，提高质量，稳步前进"的办学方针，对小学进行整顿，调整布局和规模，合并班额不足的班、校，提高了教学质量。经过整顿，全县小学112所，教职工479人，学生12679人。中学教育则以巩固为主，至1956年底，全县共有5所中学，学生1238人，比1949年增加2.34倍；教职工98人，比1949年增加1.8倍。

在发展基础教育的同时，中共连平县委、县人民政府重视农民、职工、干部等成人业余教育，使人民群众文化水平逐步得到提高。

中华人民共和国成立后，为了适应国家建设和社会主义改造的需要，迅速提高人民群众的文化水平，满足人民群众特别是

工农群众读书识字的要求，连平县人民政府根据"政府领导，群众办学，结合生产，灵活多样，各方配合"的方针，设立了专门的工作机构，配备专职人员开展农民、职工文化教育工作，开展大规模城乡扫盲运动。1950年，全县以学校为主体，掀起了办冬学、办农民夜校的热潮，村村办夜校、队队办识字站，提高广大农民群众的文化水平，促进了农业生产的发展。至1952年，全县办起扫盲夜校30所，613个教学班，入学8645人。同时，全县推广"速成识字法"，收到良好的效果，民众学习热情不断提高。1956年6月，连平县人民委员会设立文化科，负责全县文化事业的管理工作。先后建立了广播站、文化馆、工人文化宫、新华书店、电影放映站、文工队等文化事业单位。

这一时期，连平的医疗卫生事业也得到很大的发展。中华人民共和国成立前夕，连平县仅有中医、民间医生51人，西医11人，其中3名为基督教传教士。全县从事新法接生的助产人员仅7人，农村接生主要是土法接生。全县有中、西医药店45间。广大农村缺医少药，卫生条件极差，传染病横行，人民群众生活在贫病之中。1950年4月，成立连平县人民政府卫生院，设门诊、住院部及产院。1951年，成立连平县防疫委员会，在全县广泛深入地开展以宣传卫生常识、预防细菌传播、讲究卫生、移风易俗为主要内容的爱国卫生运动。在城镇，普遍组织卫生清洁队，打扫街道和公共场所，使城镇卫生面貌大为改观。1952年，连平县人民政府设立卫生科，专门负责全县医疗卫生事业的管理和发展工作。并先后在上坪（第一区）、陂头（第二区）、隆街（第三区）、忠信（第四区）、大湖（第五区）设立卫生所及妇幼保健站，初步形成了遍布全县各乡的医疗卫生点。1952年2月，根据推广新法接生、降低孕产妇及新生儿死亡率的需要，将县卫生院的产院独立分设，成立连平县妇幼保健所。1956年起，全县开展了以除"四害"为主要内容的爱国卫生运动，卫生保健工作得到加强。1956年6月，新建的连平县卫生院落成，分别成立连平县人民医院和连平县卫生防疫站，并设立连平县麻风病防治站。全县五区设医疗联合诊所。

与此同时，连平县人民政府对传染病、慢性病的防治高度重视。卫生部门采取积极有效的防控措施，使传染病的传染蔓延得到有效的控制，一些对民众健康危害极大的传染病在中华人民共和国成立初期就被消灭。

体育运动的开展。中华人民共和国成立前，连平县除各中学建有篮球场外，全县农村几乎没有什么体育设施。中华人民共和国成立后，为了增强人民的体质，连平县人民政府重视体育工作的开展，群众体育运动逐步开展和活跃起来，城乡运动场所也接连兴建起来。1955年10月，连平县首届运动会在县城举行。参加运动会的有各区、县城党政、工交、财贸、企业团体、连平中学等单位组成的13个代表队，运动员315人，推动了群众性体育运动的开展。

第八章

社会主义建设探索时期的发展

第一节 人民公社化的兴起

　　1958年8月29日，中共中央在北戴河会议上作出《关于在农村建立人民公社问题的决议》，全国各地遂兴起了办人民公社的热潮。

　　根据中央和省、市及地方党委的指示精神，中共连平县委作出建立人民公社的规划，将全县17个乡（镇）166个农业合作社规划成5个人民公社。至1958年9月下旬，建成5个人民公社：忠信人民公社、惠化人民公社、隆街人民公社、陂头人民公社、大湖人民公社，全县16万人民加入了人民公社，入社农户3836户，占全县总农户的99.8%，全县实现了人民公社化。

　　人民公社的特点是"一大二公"，将经济条件、贫富水平不同的农业合作社合在一起。人民公社建立后，一切财产上交公社，在全社范围内实行统一核算、统一分配，并实行部分供给制。大力推行组织军事化、行动战斗化、生活集体化，将劳动力按军队编制组成班、排、连、营，采取大兵团作战的方法从事工农业生产。

　　人民公社化的结果，不但合作化后期遗留的问题没有得到解决，相反出现了更大更严重的"共产风"、浮夸风、高指标、瞎指挥泛滥，农村工作从此出现了一系列失误。主要是：实行政社合一，各种权力过分地集中在县、社两级，基层的生产单位没有自主权；没有个人责任制，劳动纪律废弛；实行供给制，分配平均主义，经济核算制度也抛弃了；吃饭不要钱，公社在经济上承受不起，粮食浪费严重；高征购、"反瞒产"严重脱离实际；"扫除私有制残余"，取消自留地和社员家庭副业，关闭农村的集市贸易，鼓吹取消商品经济，严重违背客观规律，挫伤了社员的积极性，使农村经济的发展受到极大的破坏。

随着农村人民公社内部平均主义造成的种种矛盾日益暴露，中共中央于1959年2月27日至3月5日在郑州召开的中共中央政治局扩大会议上，提出了整顿建设人民公社的方针：统一领导，队为基础；分级管理，权力下放；三级核算，各计盈亏；分配计划，由社决定；适当积累，合理调剂；物资劳动，等价交换；按劳分配，承认差别。中共连平县委根据中央和省委的相关文件精神，对人民公社的体制进行了调整。将全县调整为60个公社、2个镇174个生产大队、2652个生产队；普遍实行以生产队为基本核算单位，重新确定生产队的生产资料所有权，实行"三级所有，队为基础"的制度；将原属各高级社的土地、山林、果树、鱼塘、耕牛、大农具等生产资料，下放给所属的生产大队或生产队所有和经营；实行按劳分配制度；分配给社员适量自留地，鼓励社员发展家庭副业，从而调动了社员的生产积极性。中共十一届三中全会以后，根据农村管理体制和农村经济政策的调整，取消了农村人民公社体制。

第二节　贯彻八字方针　促进国民经济恢复发展

　　为了纠正"左"倾错误，克服"大跃进"和人民公社带来的失误和造成的困难，1960年9月30日，中共中央在批转国家计委《关于1961年国民经济计划控制数字的报告》中提出"调整、巩固、充实、提高"的八字方针。11月3日，中共中央发出《关于农村人民公社当前政策问题的紧急指示信》。中共连平县委根据中共中央提出的八字方针，于1960年冬进行了整风整社运动，纠正"大跃进"以来"左"倾错误，进一步巩固人民公社三级所有制。在积极发展农业生产的同时，恢复了农村贸易市场，使农村经济开始活跃起来。曾一度取消的农村贸易市场和乡村圩日也先后恢复，各种农副产品可以在市场交易买卖，这样既繁荣了市场，也促进了物资交流，而且推动了农业生产的发展。与此同时，恢复社员家庭的自留地，按照不超过生产队每人平均占有土地的5%的幅度，下拨少量土地给社员自种蔬菜或其他农作物。并明确规定，社员自留地收获的农产品归己所有，不计入分配产量、不顶口粮、不计征购，由社员个人自由支配。对过去已经收回的自留地进行全面清理，被收回自留地的农作物、蔬菜作物及粮食一律补回给社员。贯彻"大办农业，大办粮食，多种经营"的方针，加大力度发展粮食生产和多种经营，在积极巩固集体的同时，贯彻"城乡兼顾，国家、集体和个人兼顾"的原则，调动广大群众的生产积极性，鼓励社员发展家庭副业，养猪、养"三鸟"（鸡、鸭、鹅）、开荒扩种，从而带动集市贸易发展，以达到繁荣市场、繁荣经济的目的，有效地调动了农民生产积极性，使农业经济从极度困难中较快地得以恢复和发展。到1961年，全县农业生产有了初步的好转，一些生产大队或生产队的粮食生产水平已经达到或超过1957年的水平。

与此同时，大力压缩基本建设，对一些工业企业实行关停并转，精简职工，精简城镇人口，加强财贸工作，稳定物价，促进生产。

八字方针的贯彻，国民经济的调整，取得了明显成效，促进了工农业的发展。农业方面，连续三年粮食生产逐步上升，绝大多数高级社都增产，社员收入不断增加，生活有了很大的改善。农业水利建设取得很大成绩，水利工程投资达446.7万元，共建山塘、水库532宗，引水工程5883宗，灌溉面积占总面积的80%，兴建堤围工程8宗，长达20多千米，使1.5万亩农田和2.6万多人的生命财产避免洪水灾害的威胁，并初步控制了水土流失面积达43.2平方千米，为治山治水、改造自然环境打下了基础。创办了国有农场、牧场，建立了农业科学研究所、农业气象站、病虫预测预报站、水文测报站、水土保持站和6个农业技术推广站，组成了一个比较完整的农业技术研究机构，壮大了农业科学技术队伍。工业、交通、林业等方面有了很大发展。全县建有县级厂矿12间，1960年工业总产值达1389万元，比1956年增长5倍多；新建公路82千米，全县通车里程比1957年增长1.13倍；通航河道比1957年增加80.3%，交通基建、运输工具比1957年增长17倍；建立了9个林业站和3个林场，造林取得一定成绩。邮电事业也有了很大发展，基本实现社社有总机、队队通电话。

"文化大革命"逆境前行的十年

1966年5月16日，中共中央发出《关于开展文化大革命的通知》，标志着无产阶级"文化大革命"在全国铺开。

"文革"期间，革命老区成了揪斗"走资派"，抓"叛徒"的"重灾区"。"文革"狂潮，严重冲击国民经济，工农业生产停滞不前，老区工作受到了严重破坏，老区建设全面瘫痪。

面对"文革"狂潮，老区人民在逆境中以各种方式顽强抗争。

1969年3月15日，中共中央、中央"文革"小组、国务院、中央军委发出《关于迅速掀起春耕生产新高潮的通知》，要求各级领导班子切实加强对春耕生产的领导，各行各业大力支援农业。《人民日报》也于此前的2月21日发表《抓革命，促生产，夺取工业战线的新胜利》的社论。

连平县革命委员会乘此机会，掀起了"抓革命，促生产，促工作，促战备"的高潮，战胜严重的自然灾害，克服重重困难，取得了全县工农业生产较好的成绩。在农村发动广大群众开荒扩种，改造低产田。在种好粮食作物的前提下，积极种植经济作物，抓好封山育林，发展多种经营，努力使农业和其他经济作物增产增收。1969年，连平县出现历史上罕见的倒春寒，大批秧苗被冻死，晚造又遇到严重干旱，农业生产遭到各种自然灾害的袭击，但广大群众和农村基层干部顶住困难，自力更生，艰苦奋斗，取得了农业生产的丰收。1969年，全县粮食总产量120.7万担，比1968年增产15.8万担，增长15.1%，比历史最高水平的1967年增长4.1%。

广大工人发扬"独立自主，自力更生"精神，开展技术革新运动，逐步发展了基础工业、军工生产和配套能力。工业生产的品种和数量都有了较大幅度的增长。1969年，全县工业总产值983万元，比1968年增长33.4%；全县财政收入278万元，比1968年增长7.5%，超额完成计划任务。

这些成绩的取得，并非"文革"的成果，而是老区人民在"文革"逆境中前行，对极左思想顽强抗争，艰苦奋斗的结果。

1971年"九一三"事件以后，一场批判极"左"思潮的运动在全国展开，党中央开始对各地区、各部门一系列工作进行调整和整顿，恢复和发展工农业生产。

根据中共中央部署，连平县革命委员会对整顿地方企业作出部署和要求，从1970年开始着手对各方面工作进行整顿。整顿工作以加强领导班子建设为重点，以整顿地方企业，挖掘企业潜力，提高劳动效率，节约劳动力，提高企业管理水平为主要内容。通过整顿达到六个方面的要求：一是建立一个团结的老、中、青三结合的领导核心；二是调动工人、干部、技术人员的积极性；三是建立和健全合理的规章制度；四是确定企业的生产方向、职工人数、资金定额；五是产量、品种、质量、物资消耗、劳动生产率、成本、利润等技术指标达到国家规定标准；六是达到或者超过企业的历史最高水平。同时，通过整顿实现高产、优质、安全、低消耗、多品种，亏损的企业扭亏为盈，政策性亏损降低30%，不亏损的企业增加积累的目标。

全面整顿工作在艰难中前行，全县广大党员干部和群众在"文革"期间受遏制的生产积极性得到了一定的释放，艰苦奋斗，在一定程度上遏制了"文革"期间国民经济连续下降的局面。

工业方面，全县开展了以大办煤、铁、电、机械为中心的基础工业群众运动。新建了锌品厂、机械厂、第二农机厂、第三农机厂、机电厂、七〇八四厂、木器厂、尖山浮选厂、煤球加工厂、造纸厂、制药厂；扩建了第一农机厂、冶铁厂；办起了小煤窑，提前52天完成全年煤炭生产任务。同时，社、队工业也有了发展，70%的公社兴建了农修厂。1970年，全县工业总产值899.01万元，其中全民所有制工业产值599.83万元，集体所有制工业产值299.18万元。主要工业产品产量，完成和超额完成国家计划，其中煤炭生产比1969年增长7倍，木材增长35%，生产了生铁、铅、多晶硅、氧化锌、电动机、发动机、变压器等新产品。此外，交通、科研、财贸等工作也取得很大成绩。全年新建公路9条，续建公路2条。科学技术革命取得成果，新产品、新技术不断涌现。财政收入比1969年增长4%，完成了国家任务。

在工业进行整顿的同时，农村也开始纠正一些"左"的经济政策，鼓励农民发展生产，改善生活。1970年，全县粮食总产量达到126.3万担，比1969年增加5.6万担，增长4.6%；生猪存栏量达50242头，比1969年增加3017头，增长6.4%；甘蔗总产量354438担，比1969年增长65%。农田基本建设取得很大成绩，扩大耕地面积3.5万亩，兴修水利工程240宗，完成土石方144万立方米，比1969年增加1倍多，扩大灌溉面积1.8万亩，增加旱涝保收面积2万亩。

随着"批林整风"运动和国民经济的调整整顿工作的深入开展，连平县教育、科技、卫生、体育等各项工作也开始得到恢复和发展。

为了迅速恢复正常的教育工作，中共连平县委作出《关于贯彻落实全国教育工作会议纪要》的决定。加强了学校党组织建设，迅速将全县10间中学的党支部和大多数小学的党小组建立起来。健全了各学校的领导班子，配齐10间中学的主要领导干部。

1973年，全县各级党组织进一步落实党对知识分子政策，加强教师队伍建设。至1973年，共培训教师学员406人。在贯彻落实县委决定中，全县各中小学始终坚持"以学为主"的原则，积极建立和健全教学、科研、生产劳动三结合的教育教学新体制，力求促进学生德育、智育、体育全面发展。

此外，中共连平县委还重视抓好扫盲工作。各大队或生产队办起了政治夜校，开展政治、文化学习。经过几年的努力，全县扫盲工作取得显著成效，脱盲率达60%以上。

科学技术研发方面也取得了一定的成绩，生产了多晶硅，氧化锌等电子、化工产品。

卫生医疗系统在开展"批林整风"运动和进行党的基本路线教育的同时，在卫生工作中贯彻党的"预防为主，面向工农兵、中西医结合、卫生工作与群众性爱国卫生运动相结合"基本方针，不断提高医务人员的思想觉悟，促进了卫生工作的进一步开展。全县卫生医疗工作取得一定成绩。注重卫生防疫工作，健全基层卫生防疫网。卫生防疫工作主要抓以"两管"（管水、管粪）、"五改"（改良水井、厕所、畜圈、炉灶、环境）为主要内容的爱国卫生运动。全县137个大队1925个生产队建好三级无害化粪池81间，历年累计141间，动工兴建的有282间，备料的有125间；历年来兴建水井8640口，同时还兴建无害化猪舍。全县有98个大队522个生产队开展"两管"工作，占大队总数的71.5%。另外，合作医疗事业有了较大的发展，全县90%以上的大队建立了合作医疗站并实行合作医疗制度。

"文革"以来，几乎中断了几年的体育运动逐步得到恢复，并取得了一定成绩。为了推动群众的业余体育运动，各公社成立了体育运动辅导站，由公社武装部、公社教育办公室和中学负责人组成领导小组，具体制订计划和组织各单位群众、中小学生开展体育运动，群众性体育活动有了新的发展。

与此同时，抓好党、团组织的整顿。整顿党支部206个，党的建设和各级领导班子建设得到了加强，逐步恢复了党、团组织正常活动。

第九章

改革开放时期的发展

第一节 拨乱反正 走向新的历史转折时期

1976年10月6日，党中央一举粉碎了"四人帮"反革命集团，结束了十年之久的"文革"内乱。中共中央在部署揭批"四人帮"罪行，稳定局势的同时，着手对工农业生产和社会各项事业进行整顿和恢复，发出了为建设社会主义现代化强国而奋斗的号召。

中共连平县委组织全县人民开展揭批"四人帮"罪行活动，促进生产发展。通过揭批"四人帮"，被"四人帮"长期搞乱了的思想路线、理论是非得到了澄清，广大群众被压抑的生产积极性得到了解放。"打倒四人帮，我们要大干，生产要大上"成为全县人民的行动口号。1977年，全县工业总产值达750.4万元，完成全年生产总值的100.02%。全县22家国有企业有13家扭亏为盈，占全县国有企业的72.5%，全民企业实现利润50万元，完成年度任务的119%。农业方面的拨乱反正，以提高粮食产量，提高农村群众的口粮标准，改善和提高农民生活为目标，将主要精力和力量转移到贯彻"以粮为纲，全面发展"的农业生产方针上来，狠抓粮食和经济作物生产，狠抓经营管理，取消"政治评分"，落实按劳分配，减轻生产队和社员群众负担，落实农村各项经济政策，允许私人开荒扩种，发展家庭副业，农民的生产积极性得到空前提高，农业生产出现了空前未有的景象。

科技、教育、文化、卫生、体育等事业也开始拨乱反正，走上正轨。

落实党的各项政策，平反冤假错案，推翻了强加在一些干部和群众身上的不实之词，为在"文革"中被打成"叛徒"的老党员、老干部、老游击队员和革命堡垒户平反昭雪，恢复名誉。

全县人民解放思想，意气风发地迈进了伟大的新的历史转折时期。

第二节 各项改革的推进和经济建设的全面发展

一、农村经济体制改革

（一）实行家庭联产承包责任制

中共十一届三中全会后，连平县有的大队、生产队便自发地实行"包干到户"。最早在高莞公社出现了"分田包干到户"的现象。1979年冬，大湖公社奋雄大队185户农户有166户实行"包干到户"。至1980年底，县内已有2581个生产队实行"包干到户"，占全县生产队总数的94.6%。1981年6月，为贯彻1980年9月中共中央《关于进一步加强和完善农业生产责任制的几个问题的通知》精神，连平县召开全县大队党支部书记会议，推行家庭联产承包责任制。1982年3月，连平县组织工作队698人下乡，进一步贯彻1982年1月中共中央转发的《全国农村工作会议纪要》精神，家庭联产承包责任制得到进一步巩固。至1983年，全县农村基本完成向家庭联产承包责任制的过渡。1984年后，根据省委批转省委农村工作部《关于延长土地承包制，完善联产承包责任制的意见》，在全县开展调整土地、延长承包期工作，土地承包期延长至15年以上，把集体土地承包到农户经营，各种农业税和其他任务按联户人口承包到户。同时，除大部分集体土地承包给农户经营外，留小部分集体土地作为"机动田"，供5年小调整使用，形成统分结合的双层经营体制。1990年11月，调整全县农村责任田，进一步完善土地承包制度，调整原则为"大稳定，小调整"，即在1983年农户承包责任田的基础上，根据计划生育政策，按每户人口增减数量进行调整。1991—1992年，在全县农村开展社会主义思想教育活动，进一步贯彻党在农村的各项方针政策，继续稳定以家庭联产承包为主的责任制，完善统分结合的双层经营体制，建立农村社会化服务体系，壮大集体经济实力。1999年后，贯彻落实中共中央和省委关于土地延包30年的政策，将集体土地承包制再延长30年不变。至2000年，全县第二轮土地承包有农户64046户，耕地面积182818亩。在承包期内，承包者可以将其承包土地的经营权依法转让、转包、入股、互换、联营、出租等，土地承包经营权有偿流转的收入受到法律保护。

　　家庭联产承包责任制实行集中统一经营与家庭经营相结合、以家庭经营为基础的统分结合的双层经营体制，在坚持土地等主要生产资料集体所有的前提下，实行土地所有权与经营权相分离，把土地和其他生产资料根据合同交给农民使用。农民有土地使用权、产品处理权、收益分配权、劳动支配权，成为相对独立的生产经营者。其劳动成果，除交够国家的，留足集体的，剩下全是农民自己的。这种责任制把个人、集体、国家三者利益结合起来，较好地克服分配上的平均主义，调动农民的生产积极性和主动性，解放农村生产力，促进农业和农村经济的发展。连平县自实行这种体制后，粮食连年增产，农业生产结构得到逐步调整，多种经营逐渐发展，农民人均收入逐年提高，各种专业户、重点户不断涌现。第二轮土地承包后，进一步稳定和完善农村土地承包关系，建立土地流转机制，既满足部分农民扩大土地经营项目的要求，又使部分农民离开土地从事工、商、副业生产，进一步解放农村生产力，推进"三高"（高产、高质、高经济效益）农业综合开发，农业生产逐步走上基地化、规模化、区域化、集约化和产业化的现代农业发展轨道。

（二）乡镇企业改革和转制

1980年，随着农村家庭联产承包责任制的铺开、农业结构的调整和商品经济的发展，连平县乡镇企业突破原来"三就地"（就地取材、就地生产、就地销售）的限制，逐步发展壮大。但是，在乡镇企业取得较快发展的同时，企业内部产权不明、责权不清、政企不分、管理欠妥等体制弊端逐渐暴露出来，导致集体资产流失，债务包袱越来越重。为此，20世纪80年代中期开始，连平县对乡镇企业的经营管理方式进行改革，企业厂长（经理）不再由政府委派任命，有的改由政府推荐选举，有的采取向社会招聘，有的由企业员工投票选举后报上级政府批准。企业的生产经营权也逐渐放开，由企业根据自身条件组织生产经营和销售活动，按计划完成既定的生产任务和经济指标。对厂长（经理）实行目标管理岗位责任制，厂长（经理）及企业员工不再实行固定工资制，而采取工资、奖金与企业的经济效益挂钩的办法，奖盈罚亏，对生产工人实行按件计酬、多劳多得、奖勤罚懒。以上措施，对乡镇企业的经济发展起到一定的激励作用。

1995年始，随着改革开放的深入和市场经济的逐渐成熟，县内进一步开展乡镇企业经营管理体制改革，在明晰产权的基础上，全面放开企业的经营自主权，通过实施风险承包、转让租赁、拍卖关停等系列改革措施，主要对全县303家不同类型的镇村集体企业进行改革和转制。对发展前景较好、效益较高的178家企业继续推行和完善厂长（经理）经济承包责任制，承包者与镇村签订经济承包合同；对规模小、经济效益不佳的73家企业实行转让、租赁；对负债多、亏损严重的23家企业实行公开拍卖；对浪费资源、环境污染突出、安全隐患严重的29家企业实行关停。至2004年，县内303家镇村集体企业全部进行了改革和转制。通过改革，多数乡镇企业成为"自主经营、自负盈亏、自我约束、自我发展"的经济实体和市场主体，初步建立起"产权明晰、权责分明、政企分开、管理科学"的现代企业制度，促进乡镇企业的持续、稳步发展。

二、林业体制改革与生态县建设

连平县地处九连山脉腹地，山地广阔，属典型的中亚热带常绿阔叶林类型区，处于杉木中心产区的边缘地带，森林资源丰富，保存有大量连片的次生阔叶林，是国家定点速生丰产林基地县和省重点用材林基地县之一。1981年后，贯彻执行国家林业政策，开展林业体制改革，实行林业"三定"（稳定山林权属、划定社员自留山、确定林业生产责任制）政策和家庭联产承包责任制（划分责任山，山林权归集体所有，经营管理落实到户），完善林业管理责任制，落实山权、林权，实行封山育林、改燃节柴，严禁乱砍滥伐，开展植树造林，林业生产逐步走上正轨。1986年起，按照省委、省政府"五年消灭荒山，十年绿化广东"的要求，开展绿化达标工作，植树造林60多万亩，于1993年7月达到绿化达标标准，同年10月，被省委、省政府批准为"绿化达标县"。1994年后，落实造林绿化规划，加快造林进度，调整林种结构，强化科学管理。1999年始，加大植被保护和植树造林工作力度，推进生态县建设。2003年，按照中共中央、国务院《关于加快林业发展的决定》，把林业定为重要的公益事业和基础产业，采取各种措施，加快林业发展，促进生态县建设。至2018年，全县林业用地18.91万公顷，森林总面积16.94万公顷，公益林面积10.56万公顷，商品林面积8.25万公顷，活立木蓄积量939.35万立方米，森林蓄积量937.47万立方米，森林覆盖率74.46%，林木绿化率75.88%。

2000年后，连平县根据山区县实际，提出"抓好生态工程，兴办生态产业，创建生态品牌，发展生态经济"的经济发展战略和"生态强县，绿色兴县，旅游旺县"的经济发展思路，把发展生态经济作为经济工作的重点，着力开展生态工程建设，培育生态经济支柱产业，打造"九连山"生态品牌，推进"生态连平"建设。全力推进林业重点生态工程建设，大力实施森林碳汇造林工程，加快生态修复，实现林业结构的调整优化和森林生态功能的整体提升。2001年，连平县被列为"广东省生态县""全国生态示范区"，2008年12月被评为"林业生态县"。

三、国有企业改革

1979年后至20世纪80年代末，连平县贯彻中共中央、国务院提出"调整、改革、整顿、提高"，逐步对国有企业进行全面整顿，简政放权，减税让利，扩大企业自主权，加强企业管理，推行各种形式的经济责任制和承包经营责任制，特别是在领导体制、经营管理、人事用工制度、分配制度等方面进行改革。在领导体制改革方面，1983年前，县内实行党委领导下的厂长负责制。1985年10月，中共中央发出《关于经济体制改革的决定》后，逐步对企业领导班子进行选举、委任、聘任等多种形式并存的领导体制改革，全民所有制工厂推行厂长负责制。在经营管理改革方面，1984年1月起，国有企业实施扩大企业自主权，落实以经济责任制、企业领导（厂长、经理）任期目标责任制和承包经营责任制为主要内容的企业改革，逐步建立企业"自主经营、自负盈亏、自我约束、自我发展"的机制。县主管部门逐步把人、财、物、产、供、销等权力下放给企业，企业成为独立的经济实体，由生产型向生产经营型转变，产品经济向商品经济转变。在人事用工制度改革方面，1983年9月始，企业用工逐步改固定工为合同工，并招收适当的临时工，打破以前的"铁饭碗"。在分配制度改革方面，1984年后，实行党委领导下的职工代表大会制，对企业实行民主管理，把职工的得益与经济效益挂钩，实行计件、计时、定员、定产等不同形式的工资分配制度。如九连山制药厂和县锌品厂实行工资总额与经济效益挂钩的工资分配形式，做到人人有定额、班组有责任、车间有任务，把企业兴衰与职工个人的切身利益挂钩在一起；县无线电厂、矿山机械厂、农修厂等企业实行定额工资；县氮肥厂根据岗位的不同，实行岗位工资。通过以上经济和管理体制的综合配套改革，较好地扩大企业自主权，调动职工的生产积极性和创造性，多数国有企业经营状况明显好转，整体经济效益有所提高，国有经济控制力和竞争力明显增强，在全县国民经济中发挥主导作用。

20世纪90年代后，随着社会主义市场经济的逐步建立，国家大力扶持发展多种经营形式，私营个体企业发展迅速，部分国有企业处于停产、半停产状态。为此，根据国家深化工业企业体制改革的方针政策，加快企业经营机制转换，推行企业横向联合，从减税让利为主的政策调整逐步转变为以转换机制为主的制度创新，从产权所有制改革到企业内部的配套改革（含企业领导体制改革、分配制度改革、企业内部经济责任制改革），采取全面改革、整体推进策略，加快全县企业体制改革的步伐。1996年始，贯彻《全民所有制工业企业转换经营机制条例》，对县内国有企业确立"包、卖、合""抓大放小""一厂一策"的改革思路和"转（转换机制）、生（生机活力）、发（发展生产）、管（企业管理）、帮（支持帮助）"的企业改革五字方针，采取风险承包、资产重组、嫁接外资、股份合作、产权转让、租赁拍卖等多种形式，对企业实施改革。至2004年，全县原有国有企业中，有17家进行改制，其中转为股份合作（国有控股）的7家、实行整体拍卖的4家、招标承包的2家、兼并的1家、全面破产的3家，从而激活了企业活力。

四、流通体制改革

1979年后，连平县按照国家制定的方针政策，大幅度减少计划管理的商品种类，打破传统的少渠道、多环节的流通体制，逐步推进流通体制改革。建立"三多一少"（多种经济成分、多种经营方式、多条流通渠道，少流通环节）的开放型流通体制：建立市场机制，不断缩小直至取消指令性计划，逐步放开价格，搞活流通；发展多种经济成分，逐步形成市场主体多元化体系；开展工商联营、农工商联营、商商联营、内外贸联营等多种形式的商贸联营活动，拓宽流通渠道；实行多种经营方式，逐步形成国营、集体、个体激烈竞争的格局；打破地区封锁，建立开放型的流通体制，拓宽流通范围；实行厂（公司）店直销、代销等经营方式，增加经营网点，减少流通环节。深化商业、供销、粮食、物资及其他商业部门体制改革，强化商业企业管理，转换经营机制，夯实商业经济实体，提高商业企业经济效益。整顿流通秩序，规范市场运作，完善商品流通体制。2004年以后，县内已形成"三多一少"的开放型流通体制新格局，促进城乡市场的发展和繁荣，满足消费者的购销需求。

此外，深化金融体制、计划体制、价格体制、财税体制等领域的改革。各项改革扎实推进，促进了经济和社会事业的发展。

"十三五"时期经济社会的发展

　　"十三五"时期，是连平县革命老区改革开放不断深化的五年，是经济社会全面发展的五年。主要体现在：

　　一是经济实力稳步增长，质量效益有效提升。"十三五"时期，地区生产总值年均增长2.21%，人均生产总值年均增长11.4%，农业增加值年均增长5.86%，第三产业增加值年均增长2.76%，社会消费品零售总额年均增长6.45%，外贸进出口总额年均增长9%，工业增加值、一般公共财政预算收入、实际利用外资等经济指标实现稳定增长，固定资产投资累计完成272.2亿元、是"十二五"时期的1.62倍，居民人均可支配收入从14829元增加到19901元，年均增长6%，其中农村居民人均可支配收入连续三年超全国平均水平。

　　二是产业结构不断优化，产业发展明显加快。三次产业结构由2015年的11.2：54.5：34.3调整为2020年的20：25：55。现代农业加快发展。累计新增省、市农业龙头企业13家，6个农产品入选"全国名特优新"农产品名录，增创全国首家铁皮石斛基地及"广东绿茶王""广东最美茶园"等一批绿色、有机品牌，成功创建鹰嘴蜜桃省级现代农业产业园，基本建成恒大援建美丽乡村示范项目。绿色工业加快发展。工业园区建设进一步完善，园区承载能力持续提升。产业共建取得突破性进展，深圳南山（连平）产业共建示范园一期基本建成，二期和三期加快推进，"飞地经济"规模不断壮大，示范引领作用愈发明显。累计引进项目65个，合同投资额133亿元，规模以上企业46家，产值49.14亿元。一、二、三产业经济加快发展。电子商务、物流、餐饮、住宿等现代服务业保持良好发展势头，服务业增加值年均增长12%，限额以上商贸企业57家，入选省级电子商务进农村综合示范县。大力推进全域旅游发展，完成广东燕岩六祖文化旅游区、九连山原始森林度假村等景区景点提档升级，成功举办桃花节、蜜桃节、忠信花灯节、东罗农民丰收节等系列节庆活动，成功承办连平县迄今为止规格最高、在河源首次举办的全省性体育赛事——2018年南粤古驿道定向大赛（连平站），实现现代农业、民俗文化、古驿道保护利用与乡村旅游的多业态融合发展。上坪镇中村被评为"中国乡村旅游模范村"，河头山庄被评为"中国乡村旅游金牌农家乐"，湖东村被评为"广东省首批文化和旅游特色村"。全县累计接待游客1568万人次，实现旅游收入122亿元。

三是城乡建设加快推进，城乡面貌发生显著变化。以"融湾"为纲、"融深"为牵引，大力推进功能拓展、设施建设、生态提升等工作，中心城区提质扩容和乡村振兴示范带、示范片、示范村等建设扎实推进。县域交通体系逐步完善，改造国、省、县、乡道路180千米，新建农村公路220千米，新增高速公路91千米，形成"三纵一横"①的高速公路网，交通出行更加便捷。以"创文"和"巩卫"为抓手，加快城市功能提升，大力推进县城

---

① 三纵，粤赣高速公路连平段、大广高速公路连平段，武深高速公路连平段；一横，汕昆高速公路连平段。

"两路一河"①提升工程，建成南山公园绿道、生活垃圾无害化处理填埋场、工人文化宫等市政项目，大力开展"环境"整治和"厕所革命"，有效解决群众关心关注的热点难点问题。全面完成村庄整治规划编制，大力推进农村人居环境综合整治示范县创建，全县行政村基本建成干净整洁村，其中72个行政村达到美丽宜居村标准。连平县城连续23年入选省卫生县城，忠信镇司前村入选全国乡村治理示范村。

四是绿色发展蔚然成风，生态建设水平持续提升。深入践行"绿水青山就是金山银山"发展理念，成功创建国家级生态示范区、省生态县，连续多年在省、市环境保护责任暨污染防治攻坚战考核中获评优秀。严格落实河（湖）长制，大力推进生活污水处理设施建设，完成11个镇级简易生活垃圾填埋场整改任务，全县镇级污水处理设施实现全覆盖、村级污水处理设施覆盖率达40%，全县主要河流水质达标率84.6%。大力打击非采违建行为，持续推进土地矿产卫片执法监督整改。完成碳汇造林3.5万亩、森林抚育15万亩，建成美化绿化示范点30个，改造桉树林1500亩，森林覆盖率74.72%，生态环境质量居全省前列。

五是改革创新不断深化，发展活力充分激发。顺利完成县级机构改革和乡镇体制改革，行政效能优化提升。深入推进供给侧结构性改革，"三去一降一补"（去产能、去库存、去杠杆，降成本，补短板）成效显著。稳妥推进经济体制、国有资产管理体制改革，基本完成"僵尸企业"出清任务。深入推进"放管服"改革，工商登记前置审批事项削减115项，工程建设项目审批时

---

① 两路一河：两路是指国道G105线大广高速公路连平县城南出口路段（长约7.11千米）和省道S341线汕昆高速公路连平县城东西出口路段（长约5.63千米）；一河是指连平县城西门河，西起南山大道与西门河交叉口，东至西门河与东门河交叉口，总长1.75千米。

限压减至90个工作日内，累计新增各类市场主体10446户，年均增长21.39%。大力推进政务服务改革，累计调整限制单位权责事项5779项，取消行政审批事项29项，落实"减证便民"48项，普及推广"粤省事""粤商通""粤政易"及广东政务服务网等应用平台，完善"一门式一网式"服务。建成科技创新与企业孵化中心，累计投入技术改造资金18亿元，开展技术改造企业105家，创建9家国家级高新技术企业、7个农业科技创新中心、10个市级研发中心、2个省级工程技术研发中心。农村综合改革深入推进，荣获"全国农村承包地确权登记颁证工作典型地区"称号。

六是社会事业全面发展，人民生活水平持续提升。"十三五"时期累计投入各类民生资金144.6亿元，每年民生事业支出占一般公共预算支出比例稳定在80%以上。省教育强镇实现全覆盖，成功创建"广东省推进教育现代化先进县"，新建元善镇中心小学等一批学校，改造农村义务教育寄宿制学校29所，新增中小学校学位2160个，如期完成学前教育任务。连平中学综合改革初显成效，逐步扭转了连平县高中教学质量持续下滑的被动局面。大力推进县人民医院、120指挥中心迁址新建和第二人民医院、妇幼保健院扩建工程建设，完成11家乡镇卫生院、149家村级卫生站标准化规范化建设，建成镇、村远程医疗平台。实现城乡养老保险、医疗保险全覆盖，低保、特困人员、孤儿基本生活补贴和残疾人两项补贴保障以及优抚对象补助标准逐年提高。累计新增就业岗位2.5万个，城镇新增就业人口超过2.3万人，城镇登记失业率控制在2.3%以内。精神文明创建活动取得重大成果，连平县荣获"广东省文明县城"称号。完成县图书馆、博物馆升级改造，新增2个省级文物保护单位，入选省文化艺术之乡，忠信花灯被列入第一批国家传统工艺振兴目录。成功抗击

"6·10"①特大洪涝灾害，5.92万受灾群众得到全面救助，194户"全倒户"如期入住新居，基本完成灾后复产重建。扫黑除恶、禁毒和反电信诈骗等专项斗争深入推进，平安法治建设成效明显，入选全国普法先进县。深入开展安全生产八大专项整治行动和专项整治三年行动，社会大局保持稳定。

---

① "6·10"：2019年6月10日连平县上坪、内莞、陂头、元善等普降百年罕见特大暴雨。

第十章

进入新时代　实现新发展

第一节

工业发展提速增效　农业发展势头良好

在经济发展新常态下，资源型传统产业深受影响，县域经济下行压力持续加大。连平县牢牢把握新发展理念，始终坚定发展信心，保持发展定力，坚持稳增长与调结构相结合，全力扭转经济下行态势，主要经济指标逆市上扬，增长速度和质量效益同步提升，经济运行实现了从"止跌企稳"到"平稳发展"的转变。2018年完成地区生产总值76.88亿元，同比增长6.6%，工业发展提速增效。生态工业园成功认定为省级产业转移工业园，解决了长期困扰工业园区发展的"身份"问题。与深圳南山区签订了共建生态产业工业园，在全市率先共建"飞地经济"。2018年完成工业投资31.9亿元，同比增长124.9%，排名全市第一。规模以上工业增加值同比增长8.2%，园区税收同比增长22.7%，排名全市第一。另外，现代农业亮点纷呈。现代农业融合发展态势良好，鹰嘴蜜桃、沙糖橘、三华李、百香果、花生、火蒜、高山茶、优质米、优质蔬菜等特色农业种植规模不断扩大，品牌影响力进一步提升。万亩鹰嘴蜜桃产业成功申报省级现代农业产业园和岭南特色水果产业"双创"示范县项目，麒麟山农业生态园、东罗田园风光园等一批农业基地初具规模。粮食生产保持稳定。2018年实现农业总产值22.45亿元，同比增长4.4%。第三产业活力提升，新增限额以上商贸企业17家，社会消费品零售额68.35亿元，同比增长9.8%。

脱贫攻坚结硕果　乡村振兴绽新花

连平县革命老区脱贫攻坚工作经历了三个时期：第一个时期（2010—2013年）是三年扶贫开发。

连平县2010年被确定为省定贫困村的有42个，贫困户6273户，贫困人口27896人。经过三年扶贫开发"双到"（规划到户、责任到人）工作的开展，全县42个省定贫困村年收入全部达到5万元以上，最高达27万元，42个贫困村平均年收入8.93万元；有劳动能力的6072户贫困户全部实现了脱贫，人均纯收入由2010年的2000多元提高到2013年的7376元，基本实现了"村村有项目、户户有就业、年年有收入"的目标。三年来，全县42个省定贫困村帮扶资金总投入为31287.68万元，平均每村投入为744.94万元，其中累计帮扶单位自筹资金11530.69万元，累计财政专项扶持资金13030.15万元，累计筹集行业扶贫资金1991.03万元，累计信贷扶持资金462万元，累计筹集社会扶持资金4273.81万元。其中到户帮扶资金13106.67万元，到村资金18181.03万元。三年来，全县共有发展经济项目292个，其中农业项目158个、工业项目18个、商贸旅游项目7个、其他项目109个，产业带动贫困户4078户，发展项目资金总投入2981.66万元。组织免费农业培训9486人次，非农业培训7911人次；解决和完成低收入住房农房改造9935户（其中42个贫困村，贫困户7088户）；完成"两不具备"（不具备发展生产条件、不具备改善生活条件）搬迁655户；完成300人以上自然村道硬底化建设140.5千米；完成建设小型农田水利项目168个；完成文体建设项目65个；全县普及九年义务教育入学率、贫困户参与新型农村社会养老保险或新型农村合作医疗率达到100%，安全饮用水全部达标，扶贫开发"双到"工作取得了十分明显的成效。

第二个时期（2013—2016年）是新一轮扶贫开发"双到"工作。

新一轮扶贫开发"双到"工作，连平县共有36个扶贫开发重点村，相对贫困户4997户，人口21082人。各级帮扶单位128个，其中省直7个单位挂扶7个村，深圳南山区60个单位挂扶15个村，市直21个单位挂扶6个村，县直40个单位挂扶8个村，共85位驻村干部进驻各村开展工作。

在深圳南山区和省、市、县各级帮扶单位共同努力下，全县扶贫开发"双到"工作取得了显著成效。至2015年，各级帮扶单位投入到36个贫困村的扶贫开发资金总额36447.05万元，平均每村1012.41万元。帮扶的36个贫困村4997户相对贫困户21082人全部实现了脱贫，人均年收入达到了9746元，村级集体经济收入平均达到9.66万元。帮扶36个贫困村1084大项共投入32403.02万元，其中生产经营类151大项共投入5712.51万元，基础设施类548大项共投入16706.93万元，民生类385大项共投入9983.58万元。三年来，共完成农房改造和"两不具备"搬迁5552户（其中"两不具备"搬迁120户）；共建立主导产业62个，引进龙头企业14个，成立专业合作社87个；修缮建设36个村委大楼，新建设文化广场48大项74个；村道硬底化已完成148.12千米；新装路灯1139盏；36个村共1.89万户已全部使用安全饮用水；已完成"三面光"渠道铺设及维修共208.66千米；已建好341个垃圾池（桶），新建卫生室16个。农技和非农技培训22403人。通过省、市、县三级严格考核，全县36个扶贫重点村考评结果均为优秀。

第三个时期（2016—2020年）是精准扶贫、精准脱贫。

这一时期，连平县革命老区扎实推进精准扶贫、精准脱贫攻坚战，取得了历史性成就。全县共有13个镇159个行政村，其中相对贫困村30个、面上村129个。五年来，全县各级党员干部群众勠力同心，持续攻坚，扎实推进脱贫攻坚各项工作。截至2020年，累计到位精准扶贫资金57724.7万元，全县相对贫困人口、相对贫困村全面实现"两不愁三保障一相当"①目标，全县建档立卡贫困人口6008户16643人，30个相对贫困村全部达到脱贫退出标准，已全面完成脱贫退出手续。

（一）贫困群众收入大幅提高

2020年，全县有劳动能力的贫困人口人均可支配收入达16252元，是2015年的4.6倍；30个相对贫困村居民人均可支配收入达22763元，是2015年的3倍；30个相对贫困村村集体收入平均达40.86万元，是2015年的13倍。

（二）扶贫保障政策全面落实

全县建档立卡贫困人口教育扶贫、医疗保障、住房保障、饮水安全、最低生活保障和养老保险等政策100%落实，有效解决因学致贫、因病致贫等问题，群众获得感、幸福感显著增强。

（三）农村基础设施明显改善

2016年以来，全县投入15673万元建设农村基础设施，修缮建设党群服务中心61个、新建文化广场51个、村道硬底化104千米、水利工程148宗、桥梁改建46座、完善环卫设施1584个、新

---

① 两不愁三保障一相当：指不愁吃、不愁穿；教育、医疗、住房三保障；贫困户人均年收入相当于全省农民年人均纯收入水平。

装路灯6370盏等，农村服务保障功能明显提升。

（四）扶贫政策得到全面落实

教育保障。落实义务教育控辍保学责任，2019—2020学年，全县建档立卡贫困人口义务教育适龄贫困儿童（少年）共2230人，在校生2219人，入学率达99.51%。2019—2020学年符合政策的3256名贫困学生生活费补助全部足额发放到位，发放补助金额共1137.65万元。

最低生活保障。截至2020年11月，连平县将贫困人口中完全或部分丧失劳动能力且无法依靠产业扶持和就业帮助脱贫的贫困人口7931人，全部纳入政策兜底保障范围，其中最低生活保障6356人、特困人员供养1463人、孤儿21人、事实无人抚养91人，落实率100%。

养老保险。截至2020年11月，连平县落实政府全额资助16～60周岁8788名贫困人口（不含在校生、现役军人）参加2020年养老保险，符合条件的4042名贫困人口按时足额领取养老金，落实率100%。

基本医疗保障。连平县全面落实政府全额资助建档立卡贫困人口参加城乡居民基本医疗保险，将建档立卡贫困人口全部纳入重特大疾病救助范围。截至2020年11月，连平县共有14751人次建档立卡贫困人口享受了基本医疗保险住院待遇，基本医疗报销达2688.12万元；7705人次建档立卡贫困人口享受了大病保险待遇，待遇发放达486.32万元；17584人次建档立卡贫困人口享受了医疗救助待遇（含二次救助），待遇发放达592.06万元。

住房安全保障。省、市下达连平县2016—2019年建档立卡贫困户危房改造总任务3064户，截至2020年11月，3064户建档立卡贫困户已解决住房安全问题，完成率100%。南山区创新扶贫举措，率先采用共建共管模式推动贫困户危房改造，对帮扶的27个相对贫困村中完成危房改造的贫困户每户给予5000元补贴。

饮水安全保障。连平县高度重视饮水安全保障工作，30个相对贫困村已完成集中供水，6008户建档立卡贫困户饮水水质检测工作已全面完成，检测结论为合格，全部实现饮水安全。

（五）全方位打赢脱贫攻坚战

党建扶贫。深入开展"抓党建强治理促脱贫谋振兴示范村"创建活动，159个行政村都配备了乡村振兴战略工作组组长，30个相对贫困村都配备了第一书记，共储备319名党组织后备书记。2020年，举办了4期村级党组织书记及后备书记培训班，全县175个村（社区）党组织书记拟任人选已全部到位任书记，13个软弱涣散村党组织已全部通过整顿验收及回头看验收，"头雁工程"党组织书记和第一书记作用发挥较好，党员先锋模范作用和党支部战斗堡垒作用发挥充分。不断充实镇级脱贫攻坚工作力量，13个镇均设置有专职扶贫机构，配备工作人员不少于3名。建立实施激励机制和容错机制，常态化开展基层扶贫干部培训，每年举办全县性的扶贫干部业务培训不少于6次。

产业扶贫。全县充分发挥资源优势，建设南山连平共建产业园，全面实施"一村一品、一镇一业"工程，充分发挥专业合作社、种养大户及农业龙头企业等新兴经营主体的带动作用，采用"公司＋基地＋农户"等带贫益贫模式，大力扶持贫困户发展特色种养，实现了"县有产业园、镇村有产业基地、户有产业项目"的目标。2016年以来，全县累计投入产业扶贫资金19137.2万元，带动贫困户3373户12833人，平均每年每户新增收入4000多元。实施金融扶贫助推产业发展，截至2020年12月，全县累计向发展产业的贫困户发放小额信贷533笔，贷款金额共2221万元。加强致富带头人培育，全县共培育致富带头人111名，充分发挥脱贫示范带动作用。

就业扶贫。扎实推进就业扶贫。建成"扶贫车间""扶贫作坊"或就业安置基地 30 个，实现贫困人口就业率 99.8%。大力加强就业技能培训，开展了花生高产栽培、优质水稻栽培、中华鹰嘴桃种植等系列培训。组织了"粤菜师傅""南粤家政"工程专项培训，培养有技术专长的贫困劳动力，促进转移就业。实施奖补扶持措施，鼓励、引导和支持企业、个体工商户、民办合作社、家庭农场建立就业扶贫点，促进贫困劳动力实现就近就业。设置了一批乡村社会保障协理员公益性岗位安置贫困劳动力就业，促进劳动保障事业发展。鼓励基层镇村大力设置环卫保洁员、护林员等公共服务型岗位，给予优先安置贫困户劳动力就业，对符合条件设置公益性岗位的镇村可向县人社部门申报公益性岗位备案，并由用人单位落实工资及购买社保后按季度或半年度向县人社部门申请公益性岗位的社保补贴及岗位补贴，帮助贫困劳动力更好地实现就地就业。同时，出台了《关于进一步做好外省在连平贫困劳动力精准摸查精准服务的通知》，成立就业扶贫工作专班，为外省贫困劳动力提供精准就业服务，确保他们在连平安心就业。

消费扶贫。出台了《连平县关于深入推进消费扶贫助力打赢脱贫攻坚战的实施方案》，以深圳对口帮扶河源（连平）扶贫产品展销中心为龙头，以遍布全县 13 个镇 159 个行政村的助农服务中心和电商服务网点为触角，形成扶贫产品销售网络，构建稳定产销对接。积极组织乡镇、专业合作社、扶贫农业龙头企业等参加广东脱贫攻坚展、河源扶贫产品展销会、海吉星物流园展销会、绿博会等，举办了连平扶贫产品展销会、鹰嘴蜜桃文化节、走进深圳专场推介会、"生态连平·客家风情"、"龙连党建＋助农奔康"等消费扶贫活动，累计展销扶贫产品达 100 多种，销售额近 900 万元，惠及农户超 3000 家次。通过龙头企业带销、商场超市直销、帮扶单位助销、劳务就业推销等形式，实现产品变商品、增产变增收。

交通建设快提速　城乡面貌大变样

交通建设战果持续扩大，建成了粤赣、大广、汕昆、武深"三纵一横"高速公路网，全县高速公路总里程达到171千米，成为全市高速公路路网最完善、里程最长的县，连平县革命老区融入了珠三角"两小时经济圈"，交通网络不断完善，交通环境显著提升，成为广东、广西、云南、江西、湖南、贵州的"六省通衢"之地，区位优势不断凸现。"四好农村路"建设①扎实推进，投入2.62亿元完成总里程650千米的公路改造、安全防护改造及村道建设，县内公路安全通行条件明显改善。电网信息化建设取得新成效，完成电网投资1.41亿元。县、镇、村全面实现光纤网络覆盖。

1978年的连平县城，街道狭窄，公共设施简陋、落后，缺少现代城市气息。1979—1988年，随着县城城区规模的不断扩大，连平县逐步将老城区的部分街道（路）由泥沙路面改为混凝土路面，并重建人民公园，县城面貌得到明显改善；20世纪90年代后，县城市政基础设施的建设步伐进一步加快，老城区改造、新城区建设同步进行，美化、绿化、亮化工程配套推进，街道、桥梁、堤路等设施不断更新改造，市政公共设施日趋完善，城市化水平不断提高；2004年，重新改造县城老城区东、南、西、北街

---

① "四好农村路"建设：指把农村公路建好、管好、护好、运营好。

和环城北路，新建县城商业步行街，建成县城污水处理厂、鹤湖自来水工程，完成城南仙塔遗踪（"连平老八景"之一）修复保护工程，基本完成石龙公路扩宽及连平大道南出口改造工程，县城市容市貌焕然一新；"十二五"期间，先后完成了县城体育中心、文化艺术中心、县城道路的升级改造，实施了县城主干道亮化、绿化、美化及老城区"十字街"改造等一批公共服务和市政基础工程，启动了南山公园、体育馆、县城新水厂、迎宾大道等重点市政工程，有力地提升了城市形象。

1985年以前，连平县城绿化水平较低，花草树木品种单一，种植杂乱无章，无公共绿地，仅有环城路两旁于20世纪50年代栽种的桉树较成规模。20世纪90年代后，连平县逐年增加县城绿化建设资金的投入，先后新建连平大道、东园大道、东河西路、新城大道、南山大道、滨河路、西门路等处绿化带，新建及改建体育中心公园、人民公园（市政广场）。截至2017年，县城绿化总面积205公顷，绿化覆盖率35.67%。

20世纪90年代中期开始，随着城区面积的扩大及居民生活水平的提高，连平县城居民购地建房的逐渐增多，逐步形成建房高潮。尤其是2001年后，居民住房消费观念转变，连平县城的住房建设得到了快速发展。近年来，南湖花园、明珠花园、东江一号等一批优质小区先后建成，有力地拉大了城市发展空间；而"十字街"改造完成后，逐渐形成了以财富广场为中心的县城现代综合商业服务核心商圈，更增添了连平县城的现代化气息。

改革开放初期，连平县城建成面积仅0.92平方千米。截至2017年底，县城建成区面积8.6平方千米，扩大了9倍多，县城扩容提质进一步提升。

紧抓环境治理　突显生态优势

深入践行"绿水青山就是金山银山"的发展理念，大力实施打好污染防治攻坚战三年行动计划，不断巩固省级"林业生态县"成果。坚持保护与治理并重，全面推行"河长制"，实现了河长体系全覆盖、河长巡河常态化。2020年投入近600万元，在全市率先开展河流水面漂浮物和沿岸垃圾专项治理行动，清理河长897千米。启动整县推进村镇生活污水处理设施和11个镇级简易生活垃圾填埋场整改工程建设，建成污水处理设施56座、垃圾收集点2629个，农村生活垃圾有效处理率达94.41%。绿化连平大行动取得新成效。完成碳汇造林任务1.3万亩、中央森林抚育任务5.72万亩、生态景观林带任务3800亩，实现全县林地监控全覆盖，森林火灾受害率远低于省控1‰指标。生态环境质量居全省前列，实现地表水水质优良率100%，饮用水水质达标率100%，环境空气质量达标率96%。

第五节 文教事业大发展 文明创建逐浪高

在新的历史发展时期，连平县革命老区的教育事业快速发展，全县13个镇建成了"广东省教育强镇"，2013年，获评"广东省教育强县"和"义务教育均衡发展县"。2018年，"创建广东省教育现代化先进县"通过省级验收。文化科技建设有力推进，实施文化馆、图书馆总分馆制建设，实现了村级文化服务中心全覆盖，入选省级公共文化服务体系示范区。卫生强县建设加快推进，完成县级公立医院机构的布局调整，升级改造或扩建、新建，加快卫生标准化建设。

实施"环境优化工程""市民道德素质提升工程""志愿服务创新工程""金色阳光培育工程""文明创建夯实工程"五大工程，力创全国县级文明城市。连平县城分别于1993年12月被评为"广东省文明卫生城镇"，2007年12月被评为"广东省文明县城"，2009年1月获评"全国文明县城"，2017年通过"广东省县级文明城市"复评。

2018—2020年是新一轮全国县级文明城市创建周期，也是连平县创建全国县级文明城市的关键期。为扎实推进再次创建全国县级文明城市工作，连平县制定出台了《2018—2020年创建全国县级文明城市工作规划》。该规划提出，举全县之力，抓好抓实五大工程建设，全面推进县、镇、村"三级联创"，力争经过三年的创建，实现全县社会经济全面协调高效发展，城市建设和管理水平明显提高，市民文明素质、城市文明程度、城市文化品位、群众生活质量明显提升。

实施"环境优化工程"，着力建设干净整洁有序、平安稳定和谐、便捷高效的城市环境。持续推进政务环境建设，打造更加廉洁高效的政务环境。完善市政基础设施，加快集贸市场建设、基层文体设施建设和优化城市管理等，打造更加舒适便利的生活环境。大力推进"平安连平"建设和"法治连平"建设。推进诚信守法的市场环境建设，营造更加公平诚信的市场环境。持续开展城市环境整治行动，确保城市环境常年干净整洁有序。拓展城市绿化面积，加强生态环境保护，打造山青水绿、空气清新的宜居城乡。

实施"市民道德素质提升工程"，着力培育担当振兴大任的时代新人，共筑美好生活梦想的时代新风。坚持以习近平新时代中国特色社会主义思想为统领开展思想政治教育，强化理想信念教育，筑牢思想道德基础；强化意识形态领导权和管理权，凝聚社会共识，构筑意识形态领域同心圆。推进社会主义核心价值观深入人心。推进红色基因传承工程建设，激发群众价值认同、情感认同、使命认同，构建红色基因传承高地。实施"善、信、廉"等优秀传统文化传承工程，构建优秀传统文化传承发展体系。强化公民道德建设，培育和发展遵公德、守道德、讲美德、赞品德的良好风尚。提升市民科学文化素养，引导群众养成健康向上的生活方式。推进文化基础设施建设，开展公益性文化基础设施建设，开展公益性文化活动，健全公共文化服务体系。

实施"志愿服务创新工程"，大力传承助人为乐美德。加大志愿者队伍建设力度，大力发展志愿服务组织，逐步建成布局合理、管理规范、服务完善、充满活力的志愿服务组织体系。广泛开展志愿活动，拓宽志愿服务项目，打造志愿服务品牌。加快

"志愿服务驿站""学雷锋志愿服务广场"建设，拓宽市民加入志愿服务的途径，积极打造有连平特色的社会志愿服务组织，提升志愿服务活动的认同和支持率。

实施"金色阳光培育工程"，促进未成年人健康成长。开展中华经典诵读活动，社会主义核心价值观进教材、进课堂、进头脑活动等，深化未成年人思想道德建设；把青少年校外活动场所纳入公共文化体系建设，加强未成年人活动阵地建设。完善校内外未成年人心理健康辅导站，做好未成年人维权服务工作，不断健全未成年人服务体系；大力净化文化环境，努力为未成年人营造良好的社会环境，促进未成年人健康成长。

实施"文明创建夯实工程"，着力提高群众性精神文明创建工作。深化文明镇村的创建工作，建设一批文明示范村，培育一批特色示范镇。加强城乡幸福社区建设，县级打造3个精品社区，把社区建设成为管理有序、服务完善、文明祥和、安居乐业的幸福家园。深化文明单位、文明行业和文明窗口创建工作，推动文明单位创建水平与服务水平相辅相成、同步提升。深化创建文明交通活动，提升市民交通文明素质。

平安法治建设取得新成效，深入推动扫黑除恶专项斗争向纵深开展，"全国普法先进县"创建工作取得重大成果。扎实开展"拥军优属、拥政爱民"的"双拥"活动。贯彻落实各项优抚安置政策，不断提高优抚对象的生活质量。深入开展"双拥模范县"创建活动。1994—2018年，连平县先后8次被省委、省政府、省军区授予"双拥模范县"称号。

党建引领促发展 党旗飘扬别样红

党的十八大以来，连平县扎实开展党的群众路线教育及"两学一做""三严三实""不忘初心、牢记使命"等主题教育活动。全面深化学习习近平新时代中国特色社会主义思想，从严锤炼党性，强化思想武装，提高政治站位，建设精神高地，不断拧紧思想"总开关"。狠抓党组织建设和干部队伍建设，持续开展机关作风建设大整顿，以作风正党风，以党风聚民心。不断加强纪律建设，加强党风廉政建设，加大反腐斗争力度，严肃查处违纪违法案件，构建起派驻、巡察、办案"三位一体"的监督执纪模式。

如今走在连平县革命老区的大地上，一面面鲜红的党旗历经风雨，愈加鲜艳。

第七节 抢抓苏区发展机遇 加快老区振兴发展

2014年，连平县列入《赣闽粤原中央苏区振兴发展规划》范围，连平县委、县政府把握这重大机遇，加快振兴发展。一是加强组织领导。成立了由县委书记任组长、县长任常务副组长、县有关领导任副组长、县有关单位负责人和各镇党委书记任成员的连平县原中央苏区振兴发展工作领导小组，设立了专门办公室（苏区办）。建立了联席会议制度，定期听取有关部门工作对接情况汇报。二是认真做好政策梳理对接。结合县情实际，分门别类做好政策的梳理工作，抓好项目策划、包装、生成等前期工作，出台了《关于落实〈赣闽粤原中央苏区振兴发展规划〉等有关政策主要工作任务的通知》，将任务分解到县有关领导和职能部门，努力做到上级出台的每一项支持苏区老区发展的政策都有相应的项目对接。三是抓好项目储备和对接落实政策。对照原中央苏区振兴发展的各项政策，结合县情和产业特点、经济社会发展实际，谋划筛选了公路建设、水利建设、环境综合治理、教育事业、扶贫开发等一批对全县经济社会发展有带动作用的项目。

苏区政策的落实，有力推动了连平县域经济发展，老百姓幸福指数得到大幅提升。

教育得到振兴发展。2019年，全县义务教育公用经费投入约为6239.6万元，义务教育寄宿制学校公用经费标准从每生每年150元提高到350元，学生义务教育入学率不断提高；附城中学等6所中学获得中央预算内和省政府共1.2亿元资金支持，学校基础设施建设不断提升。2019年，全县高中阶段教育毛入学率达94.47%。深入实施基础教育提升三年行动计划，2019年，已经全面完成广东省教育现代化先进县创建工作。

医疗条件大为改善。通过争取上级支持、申报债券等方式共投入2.97亿元，启动县人民医院、第二人民医院、中医院、保健院建设，投入200多万元完成了4所公立医院信息化平台建设，基本实现电子处方、电子病历、电子叫号和信息数据管理，公共医疗基础设施得到极大提升。同时，全县公共卫生体系建设不断健全，乡镇卫生院基本实现标准化改造，全面实施了基本药物制度，群众"看病难、看病贵"问题得到有效解决。

交通基础设施逐渐完善。2019年，全县新建农村候车亭60个，旅游路、资源路、产业路3条22.43千米，新改建农村公路215.13千米，改造危桥17座，拓宽窄路基路面121千米，扎实整治县乡道路安全隐患802千米，159个行政村客车通达率100%，极大改善了农村公路通行条件，路网布局更加合理，全县农村公路实现了跨越式发展。

乡村振兴加快推进。在国家宏观产业政策和《关于进一步推动我省革命老区和原中央苏区振兴发展的意见》政策的扶持下，大力发展优质、高效的生态农业，重点培育壮大特色产业，以"一村一品、一镇一业"项目建设为抓手，重点推进鹰嘴蜜桃、三华李、蔬菜、茶叶、花生、大蒜、中药材等产业发展，已逐步形成结构合理、保障有力的农产品供给体系。按照美丽宜居村或特色精品村的标准，统筹推进美丽乡村建设，全力抓好粤赣省界示范带建设、社会主义新农村示范村建设等项目，城乡面貌焕然一新。大力推进农旅融合，加快鹰嘴蜜桃省级现代农业产业园、忠信镇生态农业产业园等项目建设，夯实了连平农业产业支撑。

公共文化服务普及覆盖。连平县文化馆、站、室的设施建设投入逐年加大，功能、服务实现升级，完成文化馆、图书馆总分馆制建设并入选省级公共文化体系示范项目，连平县成为全省文化馆总分馆制建设示范推广地区。2019年，实现了村级综合性文化服务中心全覆盖，全县所有村（含社区）文化室均实现"五有"①建设目标，广播电视、电影、图书、报刊、展览、演艺节目等主要公共文化产品和服务已基本能满足城乡群众需求。

红色资源活化利用。2020年全县已发掘革命旧址、遗址131处。积极争取国家、省、市支持，本级财政加大配套力度，投入近3000万元完成了中共连平县工作委员会旧址、连平县第一个党支部旧址、忠信镇柘陂红色村、大湖镇何新屋阻击战旧址、忠信中学党组织活动旧址等革命旧址的修缮修复。对全县革命旧址实行立碑保护，办起了连平革命斗争史展览馆（厅）3个。推动大湖镇革命老区红色文化资源活化利用纳入《广东省红色旅游发展实施方案（2018—2021年）》，积极开拓合作路径，与恒大旅游集团签订《大湖镇红色旅游综合开发项目战略合作框架协议》，依托大湖镇的古村落、古建筑和红色旅游资源进行综合开发利用，打造以"红色＋古色＋绿色"为核心竞争力的全域旅游示范标杆，叠加忠信片区其他红色资源的活化利用点，形成串珠连线的苏区红色旅游体验线路。

充分利用苏区振兴发展政策。2017年以来近三年新建了县公安局业务大楼、司法局大楼、档案馆、人民医院、中医院，对6间中小学进行升级改造，增进了民生福祉。

---

① 五有：有一个不少于200平方米的综合文化室；有一个农家书屋；有一个不少于500平方米的文体广场；有一个文化信息共享工程服务网点；有一个长度不少于三米的宣传窗。

促进发展为己任　老促会彰显新作为

　　1992年8月，连平县老区建设促进会（简称"老促会"）成立。一直以来，连平县老促会以促进老区发展为己任，以博大的情怀，在促进连平县革命老区振兴发展中彰显新作为。

　　促进老区破危小学改造工程。2002—2008年，推动筹措资金2512.73万元，改造破危小学74所，解决了老区孩子"读书难"问题。

　　推动老区镇通行政村公路硬底化建设。2004—2009年，推动建设老区行政村村道硬底化437.15千米，总投资12569.5万元，解决了92个老区行政村群众"出行难"问题。

　　促进老区镇村卫生院医疗条件改善，缓解农民"看病难、看病贵"问题。

　　2005年，广东省老促会十分重视老区镇级卫生院的建设，组织市、县老促会开展镇级卫生院状况调研，自2005年以来，先后向省委、省政府报送了《关于我省老区农村医疗卫生状况的调查报告》《关于尽快解决老区镇卫生院建设问题报告》，建议由省政府拨出专款，采取集中力量打"歼灭战"的办法，用三年时间，集中改造建设好881所老区卫生院。省政府、省卫生厅采纳了省老促会意见，下发了文件，由省、市、县三级改造镇级卫生院。

　　连平县列入老区镇卫生院改造12所，已全部改造完成。改造总面积达13640.4平方米，总投入资金2079.81万元，从而大大改善了老区农村医疗条件。

大力资助烈士后裔。1999—2020年，共筹措发放烈士后裔助学金46万元。连平县老促会2015年12月被广东省老促会授予"烈士后裔助学二十周年先进集体"称号。

大力开展调研活动，当好力促老区发展的"促进派"。连平县老促会充分发挥组织优势、资源优势，先后组织开展了"落实苏区政策、促进老区发展""工业富县、旅游旺县""革命遗址保护与活化利用""精准扶贫、精准脱贫"等专题调研活动，问计于百姓、献计于党政，充分发挥促进老区发展的参谋作用。

扬帆新征程　擘画新篇章

中共连平县委、县政府站在全面建设社会主义现代化的新发展阶段的新起点上，描绘了新的发展蓝图，以高质量发展引领连平县革命老区加快建设发展，奋力开启全面建设社会主义现代化的新征程。

（一）以"融湾"为纲、"融深"为牵引，着力培育高质量发展新动能

一要提升生态功能。连平最好的资源是生态，最大的优势是生态，最大的发展潜力是生态，最大的责任是保护生态。必须全面筑牢生态屏障、提升生态功能，不断彰显和释放绿色崛起新优势。要提升生态系统质量和稳定性。实施新一轮绿化连平大行动，大力实施"森林围城"、交通主干道第一重山绿化造林行动，全面推进桉树林改造，提高林业发展质量，确保森林生态安全。要持续改善环境质量。深入打好污染防治攻坚战，保持攻坚力度、延伸攻坚深度、拓展攻坚广度，确保水环境质量持续领跑全省、空气质量排名全省前列，强化土壤污染防治。实施最严格的生态环境保护制度，全面实行排污许可制，建立完善生态监管体系，推进用水权、用能权、排污权、碳排放市场化交易。实行严格管控，确保自然保护地、生态保护红线生态功能不降低、面积不减少、性质不改变。要推动绿色低碳发展。推动绿色技术创新和推广清洁生产，提高用地、用水、用能效率，构建绿色低碳的生产生活方式和建设运营模式，实现可持续发展。

二要强化联通功能。要持续推动交通互联互通。对外要全面提升与"双区"①和周边省市的联通水平，推动韶河汕铁路、赣广高铁、厦昆高铁龙川经连平至贺州段、深河高铁延伸至忠信、广从轨道快线延伸至连平、连梅高速公路、通用机场规划建设；对内要继续抓好国省道升级改造，加强干线公路与城镇、产业园区、旅游景区的有效衔接，加快农村公路提档升级，提升县域路网通达效率和安全水平。要加强与"双区"体制机制对接。建立健全产业转移、产业合作协调机制，推进与"双区"医疗、教育、文化、社保等公共服务制度接轨，积极打造"双区"产业转移重要腹地、优质生活圈重要承载地。

三要培育平台功能。发展平台是对接"双区"产业、拓展"双区"功能的重要载体，要精心谋划、认真经营三大发展平台，努力打造成为带动县域经济高质量发展的重要引擎。培育绿色工业发展平台。科学规划生态工业园空间布局，做好园区发展规划与新一轮国土空间规划编制的有效衔接，推动工业园区与忠信片区融合发展，努力打造高水平的产业新城。继续推进园区扩容扩能，完善供水、道路、管网等基础设施和服务设施配套，全面开展闲置、低效用地及闲置厂房清理盘活工作，不断提升园区集约发展水平。积极推动智慧园区建设，提升信息化、智能化水平。要加强园区运营管理，创新招商引资模式，围绕电子机械、食品加工、新医药、新材料等新兴产业，深入实施主导产业培育工程。着力抓好南山（连平）产业共建示范园建设，进一

---

① 双区：大湾区、珠三角区。

步创新合作共赢机制，提高"飞地经济"①发展水平，有效带动产业新城高质量发展。培育现代农业发展平台。进一步完善全县现代农业发展规划，以产业园区引领农业农村高质量发展，努力构建"一县数园、一镇一业、一村一品"现代农业产业体系。主动参与灯塔盆地国家农高区建设，依托恒大援建农业产业园开发，精心打造农业科技创新、农旅融合发展的平台载体。推动鹰嘴蜜桃省级现代农业产业园创建国家级产业园，推动忠信花生、火蒜、中药材等特色农业基地争创省级产业园。认真谋划粤东北综合农副产品批发中心建设。培育城市发展平台。突出抓好"两个中心"规划建设，聚焦"融湾""融深"，联动粤赣周边，以宏观视野和战略思维抓规划、搞建设、育产业。加快国道105线县城过境段东移、国道358线县城过境段南移及忠信过境段南移工程，进一步拉开城市发展架构，围绕城乡融合、产城融合，聚焦公共服务设施提标扩面、环境卫生设施提级扩能、市政公用设施提档升级、产业培育设施提质增效，着力增强城市综合承载能力，发挥"两个中心"的集聚效应、协同效应和辐射引领效应。

四要增强改革创新牵引功能。加快推进与"双区"的规划衔接、机制对接，深化重点领域关键环节改革，加速释放市场要素活力、市场主体活力、经济环境活力。探索复制推广深圳试点成功的改革事项，借势借力打造自身改革品牌。深入推进营商环境综合改革，加快数字政府改革建设和政府职能转变，打造线上线下高度融合的政务服务体系，推进政务服务标准化、规范化、便利化。加快"信用连平"建设。坚持把科技创新作为引领高质

---

① 飞地经济：两个相互独立、经济发展存在落差的行政地区打破原有行政区划限制，通过跨空间的行政管理和经济开发，实现两地资源互补、经济协调发展的一种区域经济合作模式。

量发展的第一动力，充分发挥企业在科技创新中的主体作用，促进各类创新要素向企业集聚、科技成果在企业转化。深入实施新一轮高新技术企业倍增计划，推动高新技术企业"树标提质"，引进培育一批科技型中小微企业。鼓励支持传统产业进行全面技改，支持矿产资源精深加工，提高水资源产业发展水平。充分激发人才第一资源活力，完善人才激励政策。

（二）以谋划建设"两个中心、三个支撑点"为重要引擎，加快新型城镇化进程

一要优化城市发展空间布局。完善国土空间规划体系，抓好城镇规划编制，强化县城综合服务能力，把镇街建成服务农民的区域中心，加快构建"县域中心—县域副中心—中心镇—一般镇"互相促进、协调发展的城镇发展格局。要突出县城首位度和聚集度，围绕"山水人产城"和谐相融，进一步提升城区规划。继续抓好富民新区、九连新城、东河片区、惠化片区规划建设，加快"东扩、南移、西优、北控"，加强基础设施支撑和公共服务保障，努力打造现代生态智慧新城。忠信镇要依托不断凸显的区位优势，着眼打造粤东北商贸重镇，把城镇规划建设与产业新城、灯塔盆地开发结合起来，加快城镇扩容提质，着力发展第三产业，加快实现"忠信振兴"。隆街镇要抓好镇区连接大广、武深高速公路出口的公路升级改造，把城镇规划建设与工业物流产业园、农业产业园发展结合起来，探索一、二、三产业融合发展，辐射带动西南片区协调发展。其他各镇要结合乡村振兴，积极创建各有所长、各美其美的特色小镇。

二要着力提升城市功能品质。把全周期管理理念贯穿城市规划、建设、管理和生产、生活、生态全过程各方面。要彰显城市山水特色，精心抓好碧道、绿道、公园等规划体系建设，推动全县镇圩公园全覆盖，拓展休闲娱乐空间。要以城区路网优化和重大设施建设为突破口，带动城市扩容提质。加快建成县城体育馆、新水厂、新汽车站等重大市政项目，继续完善"两路一河"工程，抓好连平河城区段整治提升，推动城市公园、郊野公园、社区公园规划建设。实施城市更新行动，加强城镇老旧小区和社区便民化、特色化改造，完善城市生态系统，强化历史文化保护，塑造城市风貌，增强城市防洪排涝能力，建设海绵城市。持续抓好绿化、美化、亮化、净化工程，以"绣花"功夫提升城市管理科学化、精细化、智能化水平。

三要增强乡镇发展能力。制订加快镇域经济发展的政策措施，实施强镇行动。深化乡镇体制改革，优化组织架构，确保县级下放管理权限接得住、用得好，有效激发乡镇活力。建立健全城乡融合发展、城乡要素合理配置的体制机制，深化户籍制度改革，加快农业转移人口就地就近市民化。

（三）以全面深入实施乡村振兴战略为总抓手，推动农业农村高质量发展

坚持把解决"三农"（农业、农村、农民）问题作为全县工作重中之重，聚焦"五年见到显著成效、十年实现根本改变"目标，举全县之力推动乡村振兴，加快农业农村现代化。

一要大力实施乡村建设行动。统筹城镇和村庄规划建设，科学布局乡村生产、生活、生态空间。积极创建全省农村人居环境综合整治示范县，全域推进农村改厕、生活污水处理，提升生活垃圾运营管理水平，开展"美丽庭院"创建活动。加快补齐乡村供水、供电、道路、信息网络、农田水利、冷链物流等基础设施短板，全面改善农村生产生活条件。全面推进农房管控，着力推进沿省界、沿交通主干道、沿城镇、沿景区美丽乡村风貌示范带建设，建设具有客家人文特色的美丽宜居村和特色精品村。

二要认真做好"乡村振兴＋全域旅游"大文章。树立"村村是景点、全县是景区"的全域旅游发展理念,按照资源禀赋、发展基础,积极谋划四大片区(忠信片区——忠信片六镇;隆街片区——溪山、田源、隆街镇;上坪片区——上坪、内莞镇;陂头片区——陂头镇)美丽乡村建设。每个片区以农业园区、文旅景区、美丽乡村为龙头,通过绿道碧道建设,串珠成链,整合各片区村镇村落、自然生态、优势农业、特色文化等资源,积极探索"乡村振兴+全域旅游"的新路子。当前要以恒大产业园为龙头,加快绿道碧道建设,推动沿线村庄风貌提升和景点景观打造,尽快打造乡村振兴新亮点,带动四大片区建设全面铺开,全力创建省级全域旅游示范区。

三要提高农业质量效益和竞争力。把保障粮食等重要农产品安全放在突出位置,加大农业水利设施建设力度,实施高标准农田建设工程。扎实推进农业供给侧结构性改革,优化农业生产结构和生产区域布局,推动农村一、二、三产业融合发展。把引进和培育壮大龙头企业作为引领农业高质量发展的关键,做强做优各类经营主体,加大农业科技、人才和财政金融支持力度,推动特色果蔬、高山绿茶、花生、火蒜、大米、油茶、南药等传统农业提质增效,加快农业特色化、品牌化、规模化发展,依托互联网和现代物流打开大湾区市场,把连平建设成为大湾区重要的"米袋子""菜篮子""果盘子""茶罐子""水缸子""油瓶子"。

四要深化农村改革。落实第二轮土地承包到期后再延长30年政策,持续推进农村土地制度和农村集体产权制度改革,探索农村土地所有权、承包权、经营权分置的有效实现形式,推动农村土地承包经营权有序流转,强化土地出让收入优先支持乡村振兴政策,增强农业农村发展活力。

五要推动脱贫攻坚与乡村振兴有效衔接。建全返贫监测机制，落实"四个不摘"①要求，保持现有帮扶政策、财政投入力度、帮扶队伍和工作节奏总体稳定。推动实施新一轮对口帮扶和"万企帮万村"行动，夯实造血式产业扶贫，完善"公司＋基地＋农户"利益联结机制，增强内生发展动力，让脱贫群众过上更加美好的生活，走上共同富裕的道路。

（四）以创建全国文明城市为主载体，凝聚起加快发展的强大力量

以更高标准、更大力度、更实措施持续推进文明创建，通过聚焦"美心、美景、美序"工程，完善落实"一把手"责任机制、奖惩机制、投入保障机制、群众参与机制等机制建设，坚定不移朝着"全国文明城市"创建目标奋进，以文明创建持续优化发展环境、增进民生福祉、凝聚前进力量。要坚持以社会主义核心价值观引领文化建设，发扬"老区精神＋特区精神"的新时代河源精神，全面实施精神文明建设提质工程，使文明之花开遍连平大地。要完善城乡公共文化服务体系，推进全县文化基础设施建设全覆盖，创新文化惠民工程。推进媒体深度融合，建强用好县级融媒体中心。实施文艺作品质量提升工程，打造一批文艺精品，讲好连平故事、传播连平好声音。推动中华优秀传统文化创造性转化、创新性发展，深入挖掘客家文化，加强非物质文化遗产保护传承。要做好"文化＋"文章，着力打造颜氏廉洁文化、花灯文化、家训文化、红色文化等特色文化品牌，完善文化产业规划和政策，加快发展数字文化、文化创意、演艺娱乐、文化会展、文化衍生品制造等文化产业，推动文化和旅游融合发展，融入大湾区文化产业圈建设。

----

① 四个不摘：指摘帽不摘责任、摘帽不摘政策、摘帽不摘帮扶、摘帽不摘监管。

（五）以满足人民对美好生活向往为根本目的，努力交出高质量的民生答卷

不断提高人民生活质量和水平，是我们一切工作的出发点和落脚点。要持续增进民生福祉，以民生事业的"升级版"不断增进人民群众的获得感、幸福感和安全感。

一要提高基本公共服务均等化水平。要促进教育高质量发展。巩固提升"广东省推进教育现代化先进县"成果，全面促进学前教育普及普惠发展，大力推进义务教育优质均衡和普通高中教育高质量发展；深化教育"放管服"改革，全面推进教师"县管校聘"管理改革，增强教育服务功能；推进中职校与"双区"联动发展，加快建立现代职业教育体系；深入实施校长和教师队伍水平提升工程，提高教书育人能力素质。要深入实施健康连平行动。完善重大疫情防控体制机制和公共卫生应急管理体系，加快县人民医院新院投入使用，继续推动县级公立医院升级改造，深化县域医共体建设，完成镇村医疗卫生设施规范化标准化建设，提升基层医疗卫生服务能力，积极创建"卫生强县"和"全国基层中医药工作先进单位"。要完善社会保障体系，完善特殊困难群体的兜底保障制度；全面实施"互联网＋社保"，健全全民医保体系和社保管理服务体系。

二要提高居民就业质量和收入水平。大力实施就业优先战略，精准做好高校毕业生、异地务工人员、退役军人等重点群体就业创业保障服务，完善就业服务体系。高质量推进"粤菜师傅""广东技工""南粤家政"三大工程，加快实施"农村电商""乡村工匠""高素质农民培育"重点工程，实质性提高劳动者的劳动技能。要健全创业带动就业和多渠道灵活就业机制，支持微商电商、网络直播等多样化自主就业。

三要建设更高水平的平安连平。把安全发展理念贯穿发展各领域和全过程，完善和落实安全生产责任制，以大概率思维应对小概率事件，坚决防范重特大事故发生。着力防范化解金融、债务领域风险。要保障人民生命安全，加强重要物资保障体系和储备基础设施建设，增强防灾、减灾、抗灾、救灾能力，提高食品、药品安全监管水平和保障能力，健全安全生产预警和应急救援机制。要巩固提升"全国普法先进县"成果，积极创建"全国法治政府建设示范县"。要完善和创新社会治理，坚持和发展新时代"枫桥经验"，建立健全矛盾纠纷"联调联处"工作机制，因地制宜探索乡村治理有效实现形式。要加强立体化、智能化社会治安防控体系建设，建立常态化扫黑除恶工作机制，进一步加强禁毒重点整治地区工作，保持社会和谐稳定。要大力弘扬"双拥"优良传统，努力争创"全国双拥模范县"。

（六）加强党的全面领导和党的建设，为奋斗"十四五"、奋进新征程提供坚强的政治保证和组织保证

一要旗帜鲜明讲政治抓政治。始终把党的政治建设摆在首位，进一步增强"四个意识"、坚定"四个自信"、做到"两个维护"。要坚持用党的创新理论"铸魂"，深入学习贯彻习近平新时代中国特色社会主义思想，全面贯彻落实党的基本理论、基本路线、基本方略，将党的创新理论转化为坚定的理想信念、正确的政治立场、科学的思维方式、有效的政策举措、显著的工作成效。

二要坚持和完善党领导经济社会发展的体制机制。适应新形势新任务，从体制机制上保证党在领导经济社会发展中把方向、谋大局、定政策、促改革。要完善党委研究经济社会发展方向、分析经济形势、研究重大政策的工作机制，加强党委对相关重大工作的顶层设计、总体布局、统筹协调、整体推进、督促落实。要织密织牢上下贯通、执行有力的组织体系，主动对接好上级党政机关"最初一公里"，积极履行好地方党委"中间段"职责，推动基层党组织完成好"最后一公里"任务，形成一级抓一级、层层抓落实的工作机制。要完善贯彻落实党中央决策部署的督查考核机制，建立健全推进高质量发展的指标体系、政策体系、考评体系等，确保中央和省、市的部署要求全面有效落实。

三要切实加强各级领导班子和干部队伍建设。坚持新时期好干部标准，坚持政治标准第一，努力建设一支适应连平经济社会发展需要的高素质专业化干部队伍。持续优化领导班子结构，增强整体功能，推动各级领导班子提高落实新发展理念、构建新发展格局的能力。要加强干部教育培养，强化干部思想淬炼、政治历练、实践锻炼、专业训练，提高各级领导班子和干部适应新时代新要求抓改革、促发展、保稳定水平和专业化能力。制定党员、干部直接联系服务群众的实施方案。要完善干部担当作为的激励机制，坚持严管与厚爱相结合、管严与管活相统一，加强对敢担当、善作为干部的激励保护，充分调动广大干部干事创业的积极性、主动性、创造性。

四要驰而不息正风肃纪反腐。把严的主基调长期坚持下去，深入推进党风廉政建设和反腐败斗争，营造风清气正的政治生态。要坚持纠"四风"（形式主义、官僚主义、享乐主义、奢靡之风）与树新风并举，大力弘扬实事求是的作风，推动形成求真务实、真抓实干的浓厚氛围。要紧盯重点领域、重大工程、关键少数、关键岗位，强化监督执纪问责。要一体推进不敢腐、不能腐、不想腐，深入整治和严肃查处群众身边的不正之风和腐败问题，积极涵养廉洁文化，以崇廉尚廉、廉洁廉政助推经济社会高质量发展。

中华人民共和国成立70年来，连平县革命老区发生了历史性嬗变。盘亘于九连山麓，放眼连平大地，一幅幅壮美的画卷徐徐展开，正激励着连平人民，在习近平新时代中国特色社会主义思想的指引下，不忘初心，牢记使命，扬帆新征程，擘画新篇章！

附　录

附录一 历史文献

为蒋匪大湖三角暴行告同胞书

亲爱的同胞们：

正当我们进行停租废债分田分粮，可以过太平日子的时候，死白狗又来攻打我们了。

白狗是帮反动地主恶霸，来镇压我们，不给我们穷人翻身，不给我们过安乐日子的，这次白狗攻打大湖三角，带路的就是反动分子欧阳瑞、曾子仪这一批坏东西，他们在大湖三角杀人放火，牛、猪、鸡、鸭、谷米什么都要，连薯叶也搬走，洗劫商店，连福音堂也不能幸免。抓到乡民就杀，用刺刀刺死小孩子，看到妇女就加以强奸，然后剥了衣服枪杀。这简直是土匪是狗的行为，不是一个有心肝的人所能做的。

亲爱的同胞们，反动分子是不甘心让我们穷人翻身的，是不甘心让我们安居乐业的。我们要过太平日子，就得和他打，不和白狗合作，不替他们带路，把物资米谷疏散到山里，埋在地下，不给白狗吃，饿死他们。

亲爱的同胞们，现在白狗也说要什么分田、减租减息来骗我们了。我们决不上他的当，事实上如果白狗肯分田的，为什么分了田的地方，穷人翻了身的地方，他又要来攻打，烧杀抢呢？这实在连小孩子也骗不过。

亲爱的同胞们，我们翻身了，就得保护我们的田地，保护我们清算回来的东西。不上白狗的当，不当白狗的联防队，不替地主恶霸卖力，参加民兵加紧疏散物资。坚决保卫自己，保卫田地和我们的财产。

连和民主义勇队

（此文是1948年3月4日连和民主义勇队传单）

为反对国民党军"清乡"枪杀告同胞书

父老兄弟姊妹们：

我们早谷登场，国民党军想强征强抢又来"清乡""扫荡"了！

大家还记得吗？前年去年，国民党军，不是到处捉人、杀人、放火烧屋吗？！不是宰牛、宰猪、宰鸡吗？！不是强迫自新、敲诈勒索吗？！

旧仇未报，新恨又来，今年国民党军花样百出，更为毒辣。人民抬起了头，和平、河源、连平、龙川等县坏政府无法统治，国民党乃从海南岛调残兵败将一个保安总队，不上千人，进行其残杀人民的把戏。

在和平东面，龙川北部，三百多保安队，配合二百余地方反动军，于七月二十八日起进击人民军，经八月一、二号大战，国民党军死伤二十余名，被缴步枪约三十支，只好缩在几个大圩镇做乌龟，迁怒人民，大肆枪杀，人民损失家财二万万元以上。

又国民党保安队约四百人，开来忠信等地，一部份（分）窜到船塘、上莞，在人民强硬监视下，连出都不敢出，威胁绅士来担保安全，才偷偷地逃开。在合水乡柘陂村，却乘人民害怕而无准备，包围抢掠，十室九空，捉十多人，五人在忠信枪杀了，其中还有一吴姓的中学生。多凶残的国民党军！

八月二号集结四百余反动军，进攻青州，给人民当头一打，从上午九时至下午三时，才偷进东平墟（圩），住在山头，拉拢绅士，以抢杀来威胁人民不可夜袭它！

现在他们所到乡镇，都召集会议，利诱威迫，分化绅士与人民团结，离间人民与人民军合作，并强迫各乡成立"自卫队"，使民间分化而对立，有时又狡称：自卫队有"嫌疑"，缴枪之余，还要打杀。天大阴谋，千万不要上当！

国民党军"清乡""扫荡"目的：继续征兵征粮，维持其贪污统治。其手段：硬软兼施，因其士无斗志，对人民军怕，对人民则恶；对有组织的人民就分化，对无力量的人民则枪杀。

同胞们，要不被杀掠，要免送粮送命，就要自己有力量，我们大家约定要做三件事，不做三件事：

一、组织民兵，打游击！

二、帮助人民军，探情报，守秘密。

三、侦察特务活动。

四、不帮国民党军带路，购粮。

五、不当联防队员！

六、不给征兵征粮！

国民党军在东北、华北、华中到处打败仗，今天只要我们齐心合力，就一定能打退国民党军！

连和民主义勇队

（此文是1948年8月连和民主义勇队传单）

大湖大捷的意义和我们应有的准备

继江边之捷后，我军出击大湖国民党军队，又获空前大胜。这一胜利的伟大意义是不能单从缴获的数字上去衡量的。不论从军事或政治上都有极大的影响与光辉的收获，是扭转粤赣边局势的开始。这一切，都是全体指战员们发挥了高度的无产阶级自我牺牲精神与不怕流血英勇搏斗所获得的结果。我们谨以十二分的热诚向参加这次战役的英雄们致崇高的敬礼！

这一胜利的伟大意义在什么地方？

首先从军事上说，大湖之役，是挫折了敌人的锋芒，压低了敌人的气焰。近一个月来，敌人不断向我和东及河东一带地区进行疯狂的窜扰，并村、并粮，烧杀掠夺，无所不用其极，此次我们正给予这群疯狗以致命的打击，使敌人败类心惊胆裂，知道人民的力量是不可抵抗的了。其次，我们真正的（地）领会了毛主席的战略思想，学会了以坚决迅速的行动，集中优势的兵力去歼灭敌人最薄弱的一环，使敌人处处防守结果处处都不能守，大湖战役就是光辉的示范，也是重大的收获。

再从政治上的影响来说也是很大的。捷讯传来，各地民众无不欢欣鼓舞，部队的威信空前提高，民众更加认识到部队今天的力量是不断地在发展壮大，有把握去消灭敌人，坚定民众对解放胜利的信心。

最后，这一战役胜利地结束，对部队本身也起了很大的教育作用。过去，某些人对自己的力量估计不足，存在着或多或少的自卑心理，今天给他一个事实的教训，从而增强我们打歼灭战的勇气与信心。我们把这个战役的经验总结起来，就是很丰富的教育材料，是非常宝贵的。

"斗胜勿骄，斗败勿馁"，要脚踏实地，随时做战争的准备，不但我们自己做此准备，还要动员民众都做战争的准备，因为今天我们所处的仍然是游击战争的环境，是不容许盲目乐观或太平思想的存在的。目前最迫切的准备工作，一方面是提防敌人秋收后抢粮，我们首先就要依期完成征收公粮的任务，绝不能稍事拖延；另一方面，加紧组织地方武装，已成立民兵的乡村，加强整训，未成的赶速成立，以军民一致的力量去保卫家乡，保卫已分得的果实。各级地方行政人员今天就要动员一切可能动员的人力去完成上述两项工作。只要我们处处都做战争的准备，我们就会永远立于不败之地。

（原载《粤赣报》1948年11月20日）

震惊敌胆的歼灭战我在大湖歼国民党军一个连

（大湖前线十六日上午九时急讯）记者自前线指挥机构获悉，昨日大湖倒流水地带我军获得大捷之初步战果如下：毙伤敌三十余人，生俘敌三十五人，缴获机枪三挺（内白郎林式一挺、捷克式二挺），枪榴弹筒二个，步枪四十余支（内日式步枪三十支、广东马枯步枪十余支），驳壳一支，手榴弹及枪榴弹五十个，子弹约二千发，军毡四十余张，其他军用品尚在继续清查中。

（原载《粤赣报》1948年11月20日）

光荣归于英雄们万人公祭七烈士

军民振奋誓将踏着烈士们的血迹前进。

（河西十八日专讯）今日我区军民约一万人在某地公祭大湖战役光荣牺牲的七位烈士，烈士们的墓上堆满各界送来的花圈、挽联，全场空气显得肃穆庄严，公祭未开始前，人们交头接耳，谈论着烈士们的生平事迹和英勇作战经过，每个人的脸上都现出一付（副）沉默而激昂的表情。

烈士们的新墓前人山人海，旗帜飘扬。前来祭吊的有各界首长，大湖前线凯旋归来的解放军、各地民兵，小学生也唱着歌子到来，还有商人们、老太婆等人群，还有不少人打着锣鼓，舞着狮子的。有一个中年女人告记者说：“就是过年过节没有这样排场啊！”这个场面使她惊奇了。

（原载《粤赣报》中华民国27年11月23日之第一版）

劳军热潮汛滥

船塘上莞九连等先后祝贺大湖大捷。

（专讯）综合报道：全粤赣边军民均热祝大湖大捷。九连山的消息说，九连人民在某地举行了祝捷大会，老百姓们一见到同志就说：“你们打胜仗呀！”十八日，船塘樟溪、骆湖民众以大猪十二头慰劳我军。举行盛大祝捷会后，千余军民共进晚餐。二十日，上莞人民也扛了七八条猪羊，并且打着锣鼓，跳着秧歌去劳军。在劳军大会上，军民情感交融，人民向战斗英雄献花，高呼“向英雄敬礼”“向战斗模范看齐”等口号。某政工队及各小学，并在祝捷会上演唱各种歌舞助兴。

（原载《粤赣报》中华民国27年11月23日之第一版）

连平各区乡政权相继组织成立有三个区十六个乡建立政权

（本报连平讯）本县各区乡政权，迄至现在为止，已大部组成。全县共有四个区：第一区（元善区）下辖七个乡一个镇。第二区（陂头区，现仍为黄伯强匪部盘踞）下辖三个乡。第三区（长吉区）下辖六个乡。第四区（忠信区）下辖十个乡一个镇。第一、三区暂先成立行政委员会，忠信区则已成立区政府。全县二十个乡镇中，除第二区三个乡未解放外，已有六个乡成立行政委员会，十个乡成立乡政府。

（原载《粤赣报》1949年9月8日）

记忠信迎军大检阅

九月十日忠信空前的迎军大检阅，在人们脑海中留下了一个不可磨灭的印象。

太阳带着笑脸爬上山边了，人们一队队向指定地点前进，那是在洋塘岗的大草坪，主席台中挂着毛主席和朱总司令的大画象（像），两边挂满了迎军支前模范的奖旗。

时钟指针刚指向七点，远隔二十里的大湖民主村的队伍已经赶到。一会，东边公路上又出现了一列眼看不尽的长行列。那是三角全乡的大队来了，紧接着大湖全乡万余人的大队也源源而来。主席台侧的黑板报上，马上写上："好榜样，大湖、三角两乡最先到。"大湖乡来的队伍还没走完，西南边山岗上锣鼓声响处，合水乡的队伍去到了。转眼间，西北边的丛林里，西边的公路上，高莞、小溪的大队都来了，来了……一股股巨大的人的洪流，从四面八方不断的（地）涌向会场，涌向主席台前面和两侧，大草坪变得太小了，人们挤着，拥着，嘈着："迫得我要命呀"，"汗水多得可当茶饮！""我浑身都湿透啦！"但人们的脸上，个个都挂着微笑，都是兴奋的色彩。

大草坪变成人海了，但人的洪流还不断的（地）涌进了全场。

检阅还没有开始，三角乡十多个女孩子们花衫黑裙整齐的秧歌队，利用台前一块空隙，挑战似地（的）扭起秧歌来。大湖乡漂亮的长龙也不甘示弱地出来表演翻天覆地似的舞着，博得了不少掌声。几十个舞狮队穿插在人海里，锣鼓声伴奏着，时而把狮头高举，时而把狮头低旋。五光十色的纸旗、纸象（像）、纸牌、纸灯笼，掩映生辉，红色、绿色、白色的迎军布旗、队旗，在人头平线上迎风招展飘摇；无数秧歌队，化装巡行队，拼命找空隙穿梭，歌声、锣鼓声、欢呼声、鞭炮声，响成一片。

正在这当儿，主席台前从人群中挤出了大湖乡的农会长，他兴奋而感动地说："本乡慷慨捐献的曾亚干先生，现刻又增献猪一只、牛一条，优胜村也增加了牛一条，还有曾贞传、曾坤朝两位外地归来的先生，各献牛一条。"四周响起了雷鸣似的掌声，黑板报上也马上写出了这个消息。大湖就是忠信区捐献迎军物资最多的一个乡，在他（它）影响下，全区也得到了颇为可观的成绩，据初步统计：全区共捐猪一百四十头，牛八十头，鸡鸭九百七十只，水鱼一千三百斤，鸡蛋一万二千只，花生二百三十担，柴二千八百担，毛巾一百一十打，鞋八百双，迎军旗一百二十四面，牙刷三十打，济众水八十打，还有青菜、凉茶、水烟、蜜糖、火炮等甚多。

到会人数没有谁能料想到来得那么多的，尤其是大湖、三角、合水、小溪四乡，到会者占全乡人口百分之七十五以上，其余各乡也起码占百分之五十以上，总计到会人数，约在四万八千人以上，还是比河西区更加盛大的检阅，这是忠信破天荒的大集会、大动员。

在大检阅中，各乡的民工队和招待组都得到了不少的好评，他们的救护队抬着担架床，修路队荷着锄头，架桥队拿着斧头和大锯，缝补组手挽着竹篮和针线，洗衣组还带着肥皂（或代替物）和洗衣棒。看上去，他们都分配得很有计划、很有秩序。

这次大检阅，连平城下来了一个十多人组成的观光团，船塘也来了一个三十多人的虹光剧社，当他们看到了不见青草、万头赞（攒）动、红旗招展的会场，他们都惊讶了。

今天不比昨天，解放了的忠信，翻身后的人民，都变了，活跃了，进步了！瞧今天将近五万人的大检阅，忠信人民在这迎军支前的大运动中，将献出无比的力量，为自己的军队效劳。

（原载《粤赣报》1949年10月13日）

九连山下的一支胜利旗帜
——记连平大湖乡的民兵

黎　明

大湖农民光荣的斗争

连平县九连山下的大湖乡，有着十多年农民革命运动的光荣传统。全乡有一万一千多人，耕地面积共一万零八百七十亩，由于少数地主对农民尖锐的剥削压迫，十多年来农民与地主的斗争也就来得尖锐，农民对地主以及支持地主的反动派作着坚持不屈的斗争。

第一面农民运动的胜利旗帜插在塔下广阔的草原上，那是一九四三年的事（一九三八年农民就已经有了农会的组织）。当时正是国民党军对日本侵略者节节溃退，地主恶霸勾结着这帮匪徒，变本加厉向农民榨取，镇压农民的正义斗争；大湖农民毅然在自由的旗帜下站立起来，举行了全乡农民的"誓师大会"，决定自己当时的斗争方法：第一，反对地主用任何方式起租、吊佃的企图，佃农保持一切佃权；第二，反对地主"大斗进，细斗出"，统一全乡衡制；第三，反对地主对农民一切额外的剥削。誓师大会充满着团结和谐，口号雷震的气氛，阴险的地主恶霸勾结来了一批国民党军，对善良的农民滥施扫射，并当场捕去七位农民干部，押进监狱。但农民的斗争并不因此终止，兄弟们筹集了一批钱，全乡签名把诉状告到国民党的衙门，这种有力的斗争，迫使反动政府无法再辩护地主的罪恶行为。农民胜利了，建立了新的租佃关系，米斗上也盖上了火印。

第二年又是时难年荒的三穷四月，地主都把谷子往外运，企图饿死耕田人，农民们又开展了有效的行动，限制地主的谷子只能在本乡卖给农民，谁要运出去就没收谁的，结果又胜利了。在胜利基础上的大湖农民，从此以后更加勇敢、坚定，对地主恶霸反动派进行无情的斗争。

解放战斗中壮大了民兵队伍

解放战争爆发后，东江上游人民游击队在九连山周围展开艰苦的游击战争，解放了九连山广大地区，人民部队不断扩大，单由大湖、三角两乡农民武装起来的游击队就有三个中队，挺有名的东二支"钢铁"连就是大湖农民的子弟兵；可是敌人还在忠信、和平各个据点出动骚扰。一九四八年，敌人集结了"保五"匪部向连和区大规模的（地）进扰，人民部队紧密地团结了山区周围的农民，展开了胜利的反"扫荡"斗争，农民组织了民兵协助人民部队给了敌人一场严重的打击，创造了以后广泛向蒋管区挺进的巩固基础，大湖民兵就在不断的斗争中坚强和发展起来，在革命史诗上写下一页可歌可泣的英勇斗争事迹。

一九四八年一月二十八日，全乡三千多个民兵举行了一个大检阅，松树炮、单响枪、马刀一切武器都拿出来了，一个个坚实、能干的耕田人结成雄壮的队伍，轰轰隆隆的枪声炮声第一次向龟缩在乌龟壳（当时农民把敌人龟缩的据点叫乌龟壳）里的敌人示威！"保五"匪部经常在忠信、和平间溜上溜落（经过大湖），大湖民兵从没有轻放过他们，三个五个、田野里、山坡上，不管那（哪）个场合那（哪）个时候，都展开了英勇的迎击，"三日打两转"，使得匪军一到大湖就心惊胆颤。一个匪军官说："大湖老百姓是打不垮的。"

同年的二月初一，大湖民兵与匪军展开了一场空前的剧战，匪军的一个大队从和平落忠信，大湖民兵全部出动了，壮健的青年男女冲锋陷阵，年老的农民把守山头，小孩子做了煮饭担茶的工作，把三百多个敌人包围得象（像）铁桶一样，炮弹枪弹雨滴落在敌人的阵地，大刀队的喊杀声震撼山谷，一举冲垮敌人三个机枪阵地，打到了敌人的后方。一日一夜的战斗给了敌人很大的创伤。但因民兵没有攻坚武器，人民部队又尚未赶到，天将亮时钻在六阁楼上的匪军给援兵偷偷接走了。

大湖农民们好好保卫自己的家乡，保卫胜利的果实，把耕田打仗结合起来，勇敢地自称为"不脱离生产的军人"。上工的时候，左肩锅头，右肩枪枝（支），裤头上缚着一颗颗的子弹，放哨盘查，操练成为经常的任务。

在解放战争中，大湖民兵做了连和区人民武装最有力的助手，因而敌人对他们的行动也最残酷，前后被烧去房屋三百多间，被害和在战场上牺牲的民兵七十多人，牛猪鸡鸭和其他物资的损失，更不可计数；可是，大湖农民是始终没有屈服过的，"斗争，斗争，顽强的斗争"就是他们的口号，大湖民兵的鲜血没有白流，终于在最后获得今天的胜利！

永远是一支坚强的战斗队伍

去年夏季解放和平城时，出动了一个中队主力民兵配合作战，和平城解放后又做了城区的警卫部队，使主力部队安心追歼逃敌。大陆解放后，大湖民兵一样是紧握着自己的武器，敌人给他们的仇恨太深了，正如民兵队长曾雨涛说的："全国大陆虽然解放了，我们的民兵还要协助解放军把所有的土匪都消灭，才能得安居乐业。"民兵都知道，反动派是不甘心死亡的，土匪特务还要来破坏我们。因此解放一年来，大湖民兵继续在剿匪战线上同样获得一批新的胜利。

今年春天，听说赣南一批土匪溃散九连山，大湖民兵星夜集结了一百多个主力民兵，背上了枪，带上衣服和干粮，配合军分区部队在山里搜索了四五天，深山树林到处都走遍了。从此以后，九连山再也没有匪徒们敢来骚扰了。接着不久，匪首谢舒如在上坪暴动，县人民政府打了个电话给大湖民兵的负责人，希望派五十名民兵配合剿匪，结果哄（轰）动了整个大湖，谁也不安心留在家里，三百多个主力民兵都报上自己的姓名，经过乡政府的民兵负责同志耐心说服以后，还超过了三十多名（共八十五名）赶到上坪与县大队会合在山区与土匪转战三天，才回到连平城担任警卫工作。三月八日，谢舒如股匪数百人冒险围城，大湖民兵与城公安部队都下了坚守的决心，在城头上摆好了阵地，与来犯匪徒展开了三天三夜的战斗。疲劳威胁不倒他们，结果，大湖民兵配合军分区部队内外合击，毙伤匪徒数十人，给股匪以严重的打击。守城战斗胜利结束后，大湖民兵又乘胜追赶逃匪，在溪东乡（离城三十里），与大军某部会合，协助大军把匪徒消灭了二十多名。一连串的战斗，大湖民兵创造了伟大的战绩，连平人民并没有忘记他们的功勋，三月十九日，城里举行了盛大的欢送大会，一面面的锦旗插在英雄们的行列里，来表达人民对他们的敬意。

大湖民兵就是在这么长期的斗争中，锻炼成为一支坚强的队伍，他们为着防匪保众，紧握着他们的武器，准备随时消灭敢于侵犯他们的敌人。

（原载《南方日报》1950年11月29日之第三版；1979年11月14日抄于广东省中山图书馆）

红色歌谣、歌曲

农民夜校儿歌两首①

（一）

赤日炎炎似火炉，

汗水淋漓去交租；

割脱禾头冇②米煮，

可怜饿死老农夫。

（二）

地主恶霸真可恶，

一斗种田③两担租；

天天吸食农民血，

又肥又大象条猪。

---

① 这是20世纪30年代流传于连平县大湖地区的儿歌，揭露了旧社会的黑暗。

② 冇：客家语，即"没有"。

③ 一斗种田：一亩田。

点指兵兵①

点指兵兵，
点到耐人②去当兵，
当兵有辆枪，
打死白匪三斤姜。

点兵点将，
点到耐人去打仗，
打仗当英雄，
打得白匪冇处藏。

偓③送阿哥去当兵④

锣鼓打来闹盈盈，
偓送阿哥去当兵。
敌人一日唔⑤消灭，
偓哩⑥一日冇⑦安宁。

---

① 这是20世纪三四十年代流传于连平各地的儿童游戏歌，表达了儿童当兵杀敌的愿望。

② 耐人：客家语，即"谁人"。

③ 偓：客家语，即"我"。

④ 20世纪三四十年代流传于连平县大湖、三角、绣缎等乡镇。

⑤ 唔：客家语，即"没有"。

⑥ 偓哩：客家语，即"我们"。

⑦ 冇：客家语，即"没有"。

送郎参军（山歌对唱）①

妻：送郎参军上战场，

　　望夫志气爱坚强，

　　去到战场杀敌人，

　　杀敌好比杀猪羊，

　　莫念老婆在心肠。

夫：祝妻你爱常在家，

　　冇事唔好②转外家③，

　　在家劳动多种粮，

　　勤俭本分心莫野，

　　服侍父母就冇差。

妻：郎去当兵𠊎光荣，

　　多杀敌人多立功，

　　人的生死冇要紧，

　　立下战功转屋家④，

　　全家老少喜融融。

夫：祝妻你爱常醒光⑤，

　　家中有事多相帮，

　　消灭敌人𠊎就转⑥，

　　家中困难唔使⑦怕，

---

① 20世纪三四十年代流传于连平县绣缎、大湖等乡镇。

② 唔好：客家语，即"不要"。

③ 转外家：客家语，即"回外家"。

④ 转屋家：客家语，即"回家"。

⑤ 醒光：客家语，即"聪明"。

⑥ 转：客家语，即"回"。

⑦ 唔使：客家语，即"不用"。

要同父母多商量。

妻：送郎送到大路旁，
　　唔使悲伤泪汪汪，
　　预祝偓郎立大功，
　　家里事情会做好，
　　望郎唔使挂心肠。

山歌唱来喜连连①

山歌唱来喜连连，
打倒地主来分田。
农民翻身做主人，
共产党来红了天。

山歌唱来喜连连，
打倒土豪分了田。
穷人跟着共产党，
幸福生活有根源。

打倒地主和土豪②

月光光，光灼灼，
偓受苦，你快乐。
食又冇好食，

---

① 20世纪三四十年代流传于连平县忠信、大湖、绣缎、三角等乡镇。

② 20世纪三四十年代流传于连平县忠信、大湖、绣缎、三角、油溪、高莞等乡镇。

作①又冇好作，

起来起来，快起来，

打倒地主和土豪。

---

① 作：客家语，即"穿"。

钢铁连之歌①

黄中强词
李　滨曲

1=C　2/4

战争的火花，烧红了钢铁；钢铁的健儿，结成了钢铁连。钢铁健儿啊，钢铁连！你在战争中长大，你在战争中锻炼；你是火箭，你是雷电，你永远站在那战斗的最前线！气壮山河动，鲜血写诗篇。东江怒涛滔天，九连万山绵延钢铁连旗帜飘扬在粤赣边！飘扬在粤赣边！

---

①　1948年12月12日，三团全体指战员在河源上莞开展战评活动，桂林一中队被评为"钢铁连"，边支司令钟俊贤授旗，政治部主任黄中强和李滨谱写了《钢铁连之歌》。

华南小学校歌

邓　基　词
罗楚生
李　群　曲

1=C 2/4

```
(3·2 | i | 2·1 23 | 2— | 2·1 23 | 1111 11 | 10)|
3·3 | 55 | 65 16 | 5— | i 55 | 35 65 | 65 | 53 2 12 |
```
忠信河畔 柘陂村 中， 华 南是我们的学校，在 这里活跃

```
3 565 | 35 2 | 2 56 | i 2 12 | 3 i 61 | 55 3— | i 21 |
```
着年轻的 一 群， 在这里开辟着 革命大 道， 啊 华南

```
i — | 3·i | ii 71 | 6— | 5 56 | 2 i 61 | 2— | 2— |
```
你是 大时代熔炉， 你是 新生命保 姆。

```
553 | 665 | 33 55 | 6 56 11 | 2·2 | 3 10 | 6·6 | i 50 |
```
同学们同学们新的时代已经 来到坚强 学习，顽 强 战斗！

```
355 656 | i61 23 | 2— | 3·2 | i — | 2·1 23 | 2— | 2 i |
```
把我们练成 铁一般战 士，来 创造 新的社 会 新的

```
2 3 | i — | i 0 ‖ i — | i — ‖
```
柘 陂。 陂。

（此歌作于1944年上半年）

185

附录三

连平县主要革命历史旧（遗）址一览表

旧（遗）址名称	地点	保护情况	爱国主义教育基地级别
建国粤军第二师进攻连平之战战斗遗址	元善镇鹤湖村径口屋肩带径	立碑保护	县级
华南小学党组织活动旧址	忠信镇柘陂村	修缮、已布展	市、县级
忠信小学党组织活动旧址	连平县忠信中学	正在修缮	县级
东江华侨回乡抗日服务团龙和队旧址	油溪镇茶新村茶壶耳屋	保存尚好	市、县级
中共连平县第一个党支部成立旧址	大湖镇湖东村	修缮、已布展	市、县级
弘毅小学党组织活动旧址	大湖镇盘石村下塘仔屋	部分损毁、立碑保护	县级
中共连平县工作委员会遗址	大湖镇湖西村下屋原回龙庵遗址	修复、已布展	市、县级
五果村农民协会旧址	大湖镇五果村五果片骆形屋	部分损毁、立碑保护	县级
何新屋阻击战旧址	大湖镇油村村何新屋	正在修缮、布展	市、县级
白云楼战斗旧址	大湖镇盘石村	正在修缮	县级
塔岭战斗遗址	绣缎镇塔岭山坡	立碑保护	—

（续上表）

旧（遗）址名称	地点	保护情况	爱国主义教育基地级别
狮脑山战斗遗址	绣缎镇民主村狮脑山	立碑保护	一
大湖、三角战役革命烈士纪念碑	绣缎镇老街居委会	修缮、立碑保护	县级
塔岭烈士墓园	绣缎镇塔岭村大地墩山	新建	县级
高陂寨战斗旧址	高莞镇河西村	大部损毁、立碑保护	县级
攻打"阳隆和"战斗旧址	三角镇阳江村	大部损毁、立碑保护	县级
余屋反"围剿"战斗旧址	三角镇阳江村余屋	大部损毁、立碑保护	市、县级
中共九连山区临时工作委员会	内莞镇高湖村红星经济社龚屋	损毁、立碑保护	市、县级
九连游击区玛丽医院（红军医院）旧址	内莞镇高湖村左坑温姓祖屋	损毁、立碑保护	县级
粤赣边支队电台、粤赣报社遗址	内莞镇担杆滩	损毁、立碑保护	一
新田径游击队活动旧址	上坪镇中村村	损毁、立碑保护	一
普安村抗击日寇入侵战斗旧址	陂头镇金中村普安村屋	部分损毁、立碑保护	县级
贵东反击战遗址	陂头镇大华村茶头庵	立碑保护	一
岑告山战斗遗址	隆街镇岑告村岑告山	立碑保护	一

（续上表）

旧（遗）址名称	地点	保护情况	爱国主义教育基地级别
连平飞虎队成立遗址	田源镇田东村花罗山和尚庵	损毁、立碑保护	—
梅洞口战斗旧址	田源镇田西村梅洞口	立碑保护	—
水西战斗遗址	田源镇水西村新月围屋	大部损毁、立碑保护	—

注：截至2020年，连平县共有革命历史旧（遗）址131处，其中，2011年6月中共连平县委党史研究室编著的《连平县革命史迹汇编》收录革命旧（遗）址49处，2018年，中共连平县委党史研究室开展新一轮革命旧（遗）址普查，新发现82处。

连平县烈士英名表

姓名	性别	出生时间	籍贯	参加革命时间及牺牲时间、地点	牺牲时单位及职务
赖怀珍	男	1921.3	油溪镇九潭	1942年参加中国共产党，1944年12月在新溪马屋反"围剿"时牺牲	忠信地下党工作者
张和邦	男	1923.6	梅县松口镇	1945年12月在忠信被捕遭杀害	忠信镇小进步教师
曾娘玉	男	1928.9	大湖镇五禾	1946年秋参加部队，同年11月在九连亚寄缺作战牺牲	部队战士
欧阳光浓	男	1903.12	隆街镇沐河	1946年8月参加游击队，1947年4月在翁源县被捕遭杀害	游击队队员
陈国辉	男	1907.5	隆街镇龙埔	1946年8月参加游击队，1947年4月在翁源县被捕遭杀害	游击队队员
熊亚扬	男	1921.3	田源镇新河	1947年3月参加游击队，同年5月在石龙作战牺牲	游击队队员
叶福茹	男	1925.9	溪山镇百高	1946年5月参加游击队，1947年5月在连平县城被捕遭杀害	连南队通讯员
钟世扎	男	1916.10	溪山镇东水	1947年1月参加游击队，同年5月在翁源县苦竹坪作战牺牲	游击队队员
叶丰集	男	1906.8	田源镇田东	1946年冬参加游击队，1947年5月在淡洞作战牺牲	游击队小队长

（续上表）

姓名	性别	出生时间	籍贯	参加革命时间及牺牲时间、地点	牺牲时单位及职务
谢元古	男	1930.2	陂头镇腊溪	1947年4月参加北江支队龙凤队，同年5月在陂头被捕遭杀害	北江支队龙凤队队员
谢操古	男	1913.4	陂头镇腊溪	1947年4月参加北江支队龙凤队，同年5月在陂头被捕遭杀害	北江支队龙凤队队员
吴志雄	男	1929.2	忠信镇东升	1947年5月参加九连山游击队青干班，同年6月在忠信被捕遭杀害	九连山游击队青干班学员
廖振桂	男	1916.6	陂头镇腊溪	1947年5月参加部队，同年6月在陂头被捕遭杀害	部队战士
蓝灿谐	男	1912.12	陂头镇蒲田	1947年2月参加北一支队第五大队，同年6月在连平县城被捕遭杀害	北一支队第五大队战士
王佛仙	男	1921.9	油溪镇金龙	1947年4月参加九连山游击队青干班，同年7月在忠信被捕遭杀害	九连山游击队青干班学员
廖光文	男	1928.3	元善镇坳肚	1946年7月参加部队，1947年8月在翁源县坝子作战牺牲	游击队手枪队队长
黄汉照	男	1924.8	油溪镇大塘	1947年6月参加九连山游击队青干班，同年秋在忠信被捕遭杀害	九连山游击队青干班学员
吴日林	男	1922.8	忠信镇新下	1947年夏参加游击队，同年12月在大湖作战牺牲	游击队队员
曾宏彬	男	1929.3	绣缎镇新建	1947年冬参加部队，1948年1月在内莞作战牺牲	部队战士
张延照	男	1907.12	内莞镇塘兴	1947年参加游击队，1948年1月在连平县城被捕遭杀害	游击队通讯员

（续上表）

姓名	性别	出生时间	籍贯	参加革命时间及牺牲时间、地点	牺牲时单位及职务
吴麒麟	男	1918	油溪镇九潭	1948年1月参加农会，后遭杀害	农会会员
欧阳春桂	男	1918.8	三角镇阳江	1947年12月参加部队，1948年2月在洋塘坳作战牺牲	桂林队司号员
余育彬	男	1930.5	三角镇阳江村余屋	1948年2月在余屋村反"围剿"中被捕，于忠信黄岭遭杀害	余屋村民兵
余亚姜	男	1920.4	三角镇阳江村余屋	1948年2月在余屋村反"围剿"中被捕，于忠信黄岭遭杀害	余屋村民兵
余水运	男	1897.9	三角镇阳江村余屋	1948年2月在余屋村反"围剿"中被捕，于忠信黄岭遭杀害	余屋村民兵
余运添	男	1916.7	三角镇阳江村余屋	1948年2月在余屋村反"围剿"中被捕，于忠信黄岭遭杀害	余屋村民兵
余娘泉	男	1923.12	三角镇阳江村余屋	1948年2月在余屋村反"围剿"中被捕，于忠信黄岭遭杀害	余屋村民兵
罗育信	男	1923.12	三角镇阳江村余屋	1948年2月在余屋村反"围剿"中被捕，于忠信黄岭遭杀害	余屋村民兵
廖亚林	男	1908.6	三角镇阳江村余屋	1948年2月在余屋村反"围剿"中被捕，于忠信黄岭遭杀害	余屋村民兵
余娘金	男	1920.9	三角镇阳江村余屋	1948年2月在余屋村反"围剿"中被捕，于忠信黄岭遭杀害	余屋村民兵

（续上表）

姓名	性别	出生时间	籍贯	参加革命时间及牺牲时间、地点	牺牲时单位及职务
余旺兴	男	1912.8	三角镇阳江村余屋	1948年2月在余屋村反"围剿"中被捕，于忠信黄岭遭杀害	余屋村民兵
余亚彬	男	1923.2	三角镇阳江村余屋	1948年2月在余屋村反"围剿"中被捕，于忠信黄岭遭杀害	余屋村民兵
余娘旧	男	1909.1	三角镇阳江村余屋	1948年2月在余屋村反"围剿"中被捕，于忠信黄岭遭杀害	余屋村民兵
余娘苟	男	1909.3	三角镇阳江村余屋	1948年2月在余屋村反"围剿"中被捕，于忠信黄岭遭杀害	余屋村民兵
余火英	男	1893.7	三角镇阳江村余屋	1948年2月在余屋村反"围剿"中被捕，于忠信黄岭遭杀害	余屋村民兵
余娘保	男	1909.11	三角镇阳江村余屋	1948年2月在余屋村反"围剿"中被捕，于忠信黄岭遭杀害	余屋村民兵
余永茂	男	1904.2	三角镇阳江村余屋	1948年2月在余屋村反"围剿"中被捕，于忠信黄岭遭杀害	余屋村民兵
余火信	男	1919.6	三角镇阳江村余屋	1948年2月在余屋村反"围剿"中被捕，于忠信黄岭遭杀害	余屋村民兵
余金妹	男	1904.2	三角镇阳江村余屋	1948年2月在余屋村反"围剿"中被捕，于忠信黄岭遭杀害	余屋村民兵

（续上表）

姓名	性别	出生时间	籍贯	参加革命时间及牺牲时间、地点	牺牲时单位及职务
曾月信	男	1907.8	大湖镇湖东村	1948年2月参加湖东民兵，同月20日在禾子坑作战牺牲	湖东村民兵
曾亚我	男	1922.9	大湖镇盘石	1947年秋参加部队，1948年2月在塔岭作战牺牲	部队战士
曾王明	男	1912.4	绣缎镇新建	1948年2月在塔岭作战牺牲	新下正民兵
曾娘捷	男	1899.2	大湖镇盘石	1948年春参加民兵，同年2月20日在尚岭作战牺牲	民兵
曾娘明	男	1909	大湖镇罗经	1948年2月在禾子坑作战牺牲	民兵
叶继先	男	1926	田源镇田西	1948年2月在梅洞口作战被捕，于新丰马头遭杀害	民兵
曾娘钦	男	1905.4	大湖镇湖西	1948年2月在大湖伏船嶂战斗中牺牲	民兵
曾玉使	男	1912.8	大湖镇湖西	1948年2月在湖西石板滩战斗中牺牲	民兵
曾吾信	男	1905.9	大湖镇湖东	1948年2月在湖东作战牺牲	湖东村民兵
曾玉麟	男	1898.8	大湖镇湖东	1948年2月在湖东作战牺牲	湖东村民兵
曾育安	男	1919.11	大湖镇湖东	1948年2月在湖东作战牺牲	湖东村民兵
曾娘苟	男	1892	大湖镇湖东	1948年2月在湖东作战牺牲	湖东村民兵
曾石林	男	1919.1	大湖镇湖东	1948年2月在湖东作战牺牲	湖东村民兵

（续上表）

姓名	性别	出生时间	籍贯	参加革命时间及牺牲时间、地点	牺牲时单位及职务
叶显深	男	1918.10	田源镇田东	1947年春参加连南游击队，1948年2月在田源梅洞作战牺牲	连南游击队班长
何娘珍	男	1925.4	大湖镇油村	1948年1月参加新园村民兵，同年2月在大湖作战牺牲	新园村民兵
叶籁娇	男	1919.3	田源镇田西	1947年8月参加游击队，1948年2月在梅洞口作战被俘，于新丰县城遭杀害	游击队队员
曾育贯	男	1917.1	大湖镇湖东	1948年2月参加民兵，同月在禾子坑作战牺牲	湖东村民兵
曾亚水	男	1912	大湖镇湖东	1948年农历二月在大湖红北山背作战牺牲	部队战士
黄火环	男	1926.12	油溪镇官桥	1947年6月参加游击队，1948年3月在青州作战牺牲	游击队队员
曾亚銮	男	1919	大湖镇油村	1947年冬参加大湖长岭头农会，1948年3月在绣缎被捕遭杀害	长岭头农会会长
曾祥佳	男	1923.6	绣缎镇民主	1946年12月参加游击队，1948年3月在绣缎作战牺牲	游击队班长
曾亚池	男	1922.9	大湖镇油村	1947年秋参加部队，1948年春在和平县热水被捕遭杀害	部队战士
曾旺健	男	1892.3	大湖镇湖东	1948年春在石马街被捕遭杀害	农会会长
何祥华	男	1923.8	大湖镇油村	1947年秋参加部队，1948年春在连平县城被捕遭杀害	部队通讯员
曾文招	男	1923.3	大湖镇油村	1946年冬参加部队，1948年4月在大湖被捕，于忠信遭杀害	部队战士

（续上表）

姓名	性别	出生时间	籍贯	参加革命时间及牺牲时间、地点	牺牲时单位及职务
叶植轩	男	1911.7	田源镇田西	1947年10月参加游击队，1948年4月在淡洞作战牺牲	游击队排长
曾亚林	男	1926.4	大湖镇油村	1946年春参加民兵，1948年4月在大湖被捕，于忠信遭杀害	民兵
叶连期	男	1927.4	田源镇田西	1947年春参加游击队，1948年4月在新丰县城遭杀害	游击队队员
叶连鸣	男	1923.6	田源镇田东	1948年4月在田源被捕，于新丰马头遭杀害	江北人民自卫总队飞虎队指导员
叶仁通	男	1920.7	田源镇田西	1947年春参加连南游击队，1948年4月在淡洞作战牺牲	连南游击队队员
叶月明	男	1928.7	田源镇田东	1947年冬参加连南游击队，1948年4月在淡洞作战牺牲	连南游击队队员
谭观娇	男	1925.8	田源镇水西	1947年冬参加连南游击队，1948年4月在新丰县科罗作战牺牲	连南游击队队员
何建棠	男	1924.8	大湖镇油村	1947年冬参加游击队，1948年4月在九连亚寄缺作战牺牲	游击队排长
何罗松	男	1922.7	大湖镇油村	1948年春参加新园民兵，同年在忠信被捕遭杀害	新园民兵
何娘健	男	1884.6	大湖镇油村	1948年春参加新智民兵，同年在大湖作战牺牲	新智民兵
叶丰林	男	1907.5	田源镇田西	1948年春参加游击队，同年5月在新丰县城遭杀害	游击队班长
曾王桂	男	1923.11	大湖镇湖西	1946年秋参加部队，1948年5月在大田作战牺牲	部队排长

（续上表）

姓名	性别	出生时间	籍贯	参加革命时间及牺牲时间、地点	牺牲时单位及职务
朱承养	男	1928.6	溪山镇百高	1948年1月参加游击队，同年5月在水西作战牺牲	连南队班长
曾广生	男	1919	大湖镇盘石	1947年冬参加部队，1948年5月在大田作战牺牲	部队战士
曾坤如	男	1926.7	大湖镇盘石	1948年5月在黄沙被捕，于绣缎遭杀害	盘石村民兵
谢接勋	男	1914.9	田源镇新河	1948年春参加游击队，同年5月在水西作战牺牲	连南游击队队员
罗日晃	男	1926.6	田源镇新河	1948年春参加连南游击队，同年5月在连平石龙作战牺牲	连南游击队班长
熊亚泉	男	1931.2	田源镇新河	1948年3月参加连南游击队，同年5月在连平石龙作战牺牲	连南游击队队员
曾仁资	男	1922.11	大湖镇湖西	1942年冬参加东江第二支队桂林队，1948年5月在绣缎塔岭作战牺牲	桂林队排长
曾娘胡	男	1919.9	大湖镇湖西	1948年5月在大湖送信途中被捕遭杀害	通讯员
曾招廉	男	1925.2	大湖镇湖西	1947年夏参加游击队，1948年5月在大湖大田战斗中牺牲	游击队排长
赖房深	男	1917.2	元善镇径口	1948年1月参加游击队，同年5月在石龙高坎头战斗中被捕，后在西门岗遭杀害	游击队队员
温亚献	男	1920.10	元善镇警雄	1944年秋参加游击队，1948年5月在石龙高坎头战斗中牺牲	游击队排长
何日杨	男	1933.6	大湖镇油村	1948年3月参加游击队，同年5月在塔岭作战牺牲	游击队班长

（续上表）

姓名	性别	出生时间	籍贯	参加革命时间及牺牲时间、地点	牺牲时单位及职务
曾求古	男	1924.8	陂头镇塘田	1947年9月参加三坑村民兵，1948年6月在贵东作战牺牲	三坑村民兵
曾献阶	男	1924.7	陂头镇塘田	1947年9月参加三坑村民兵，1948年6月在贵东作战牺牲	三坑村民兵
曾娘新	男	1918.11	绣缎镇新建	1946年1月参加新建民兵，1948年6月在大湖被捕遭杀害	新建民兵勤务队队长
吴佛清	男	1916.11	油溪镇九潭	1947年6月参加九潭乡农会，1948年6月在忠信被捕遭杀害	九潭乡农会副会长
曾娘信	男	1917.4	油溪镇九潭	1947年6月参加九潭乡农会，1948年6月在九潭牺牲	九潭乡农会会长
朱保芹	男	1907.11	大湖镇油村	1948年春参加自由村民兵，同年6月在河源县黄沙被捕遭杀害	民兵
叶少雄	男	1923.7	溪山镇百高	1942年春参加革命，1948年6月在水西作战牺牲	飞虎队队长
曾林祥	男	1890.8	大湖镇盘石	1948年春参加大湖乡农会，同年6月在四角岭遭杀害	大湖乡农会第三分会副会长
曾河清	男	1927.2	绣缎镇新建	1947年春参加游击队，1948年在高莞五扇大门战斗中失踪	九连山游击队青州队队员
何运香	男	1891.6	大湖镇油村	1947年冬参加新园民兵，1948年夏在大湖被捕遭杀害	新园民兵
何年昌	男	1915.4	大湖镇油村	1948年春参加新园民兵，同年夏在大湖被捕遭杀害	新园民兵
何羊	男	1917.8	大湖镇油村	1947年8月参加部队，1948年夏在绣缎塔岭作战牺牲	部队班长

（续上表）

姓名	性别	出生时间	籍贯	参加革命时间及牺牲时间、地点	牺牲时单位及职务
王文照	男	1926.1	陂头镇大华	1947年8月参加北一支队第五大队，1948年7月在贵东被捕遭杀害	北一支队第五大队战士
曾贞维	男	1928.10	绣缎镇新建	1946年秋参加部队，1948年在和平县浰源作战牺牲	部队战士
曾简惠	男	1927.3	大湖镇湖东	1948年春参加游击队，同年8月在河源县大人山攻打敌船作战牺牲。	东江二支队一中队战士
曾培汉	男	1933.7	大湖镇湖东	1948年3月参加部队，同年8月在上莞坳作战牺牲	东江二支队一中队战士
曾娘芬	男	1912.7	大湖镇盘石	1948年1月参加大湖乡农会，同年8月在河源县大人山作战牺牲	大湖乡农会会长
曾亚华	男	1921.11	大湖镇油村	1946年秋参加部队，1948年8月在河源县大人山作战牺牲	部队班长
吴腾育	男	1920.8	油溪镇九潭	1948年2月参加部队，同年8月在忠信被捕遭杀害	部队战士
曾日阳	男	1905.5	大湖镇五禾	1947年参加游击队，1948年9月被叛徒出卖遭杀害	游击队地下交通员
吴建昌	男	1924.7	忠信镇柘陂	1947年夏参加游击队，1948年9月在青州礤作战牺牲	桂林一中队指导员
曾娘仁	男	1919.7	大湖镇湖西	1947年秋参加游击队，1948年9月在大湖被捕遭杀害	游击队副班长
曾娘罗	男	1911.3	大湖镇盘石	1948年春参加农会，同年9月在塔岭遭杀害	农会分会长
曾亚民	男	1926.8	大湖镇五禾	1947年7月参加部队，1948年9月在绣缎被捕遭杀害	部队交通员

（续上表）

姓名	性别	出生时间	籍贯	参加革命时间及牺牲时间、地点	牺牲时单位及职务
曾日东	男	1930.11	大湖镇盘石	1947年冬参加部队，1948年9月在和平浰源作战受伤被俘遭杀害	部队战士
曾贞才	男	1925.4	大湖镇湖西	1947年参加游击队，1948年9月在内莞蓝州战斗中牺牲	游击队队员
曾贞坤	男	1929.9	大湖镇湖东	1947年冬参加游击队，1948年10月在倒流水战斗中牺牲	东江二支队一中队战士
曾贞匀	男	1931.12	大湖镇盘石	1947年冬参加部队，1948年10月在河源县蓝口火烧山作战牺牲	东江二支队一营机枪连班长
曾月忠	男	1929.5	大湖镇盘石	1947年11月参加部队，1948年10月在倒流水作战牺牲	部队战士
曾娘珍	男	1924.3	大湖镇盘石	1947年11月参加部队，1948年10月在河源县蓝口火烧山作战牺牲	部队班长
曾水明	男	1929.3	绣缎镇民主	1947年1月参加部队，1948年10月在湖西因公牺牲	部队战士
曾娘兴	男	1900.2	大湖镇湖东	1948年5月参加湖东村民兵，同年10月在湖东小学被捕遭杀害	湖东村民兵
曾荣生	男	1924.8	大湖镇油村	1946年秋参加游击队，1948年10月在忠信被捕遭杀害	游击队通讯员
朱振汉	男	1932	兴宁县宁中	1948年春参加游击队，同年11月在大湖作战牺牲	珠江队文化教员
严亚先	男	1924.5	三角镇白石	1948年春参加自平村民兵，同年11月在连平密溪被捕遭杀害	民兵

（续上表）

姓名	性别	出生时间	籍贯	参加革命时间及牺牲时间、地点	牺牲时单位及职务
官计茂	男	1930.9	隆街镇岑告	1948年10月参加游击队，同年11月在田源作战牺牲	游击队队员
吴娘水	男	1918.5	高莞镇中平	1947年冬参加九连山游击青州队，1948年11月在连平县城伏击战中牺牲	九连山游击队青州队队员
曾娘达	男	1919.6	大湖镇湖西	1947年冬参加游击队，1948年11月在忠信被捕遭杀害	游击队联络员
欧阳祥泰	男	1897.9	三角镇阳江	1948年1月参加飞飞村农会，同年12月在连平密溪被捕遭杀害	三角乡农会委员
欧阳保善	男	1891.11	三角镇阳江	1947年12月参加飞飞村农会，1948年12月在连平密溪被捕遭杀害	三角乡农会会长
曾石海	男	1925.5	大湖镇湖东	1948年1月参加游击队，同年12月在大湖湖尾督作战牺牲	东江二支队一中队战士
曾宏吾	男	1906.4	大湖镇湖东	1947年冬参加湖东民兵，1948年12月在塔岭支前中牺牲	湖东村民兵
曾兴照	男	1926.1	大湖镇湖东	1947年11月参加部队，1948年12月在罗陂角被捕遭杀害	东江二支队一中队排长
何罗水	男	1921.2	三角镇白石	1947年9月参加部队，1948年12月在绣缎塔岭作战牺牲	桂林队战士
谢金运	男	1921.4	三角镇石马	1947年12月参加部队，1948年12月在绣缎塔岭作战牺牲	桂林队战士
曾宏汝	男	1901.12	大湖镇盘石	1943年冬参加盘石民兵，1948年12月在绣缎塔岭作战牺牲	盘石村民兵

（续上表）

姓名	性别	出生时间	籍贯	参加革命时间及牺牲时间、地点	牺牲时单位及职务
赖丙旺	男	1920.7	忠信镇上坐	1947年夏参加九连山游击队，1948年12月在忠信被捕遭杀害	九连山游击队战士
赖逢吉	男	1911.5	忠信镇上坐	1947年6月参加河源骆湖游击队，1948年农历十二月在河源顺天被捕，于忠信黄岭遭杀害	骆湖游击队队员
钟亚苟	男	1912.10	三角镇石源	1948年春参加民兵，1949年2月在老屋背作战牺牲	坑尾民兵
叶显扬	男	1920.11	田源镇田西	1946年春参加东江游击队，1949年春在连平县城作战牺牲	游击队队员
曾崇道	男	1925.1	绣缎镇新建	1946年春参加部队，1949年春在和平县浰源作战牺牲	珠江队指导员
谢国晃	男	1920.9	上坪镇旗石	1946年春参加游击队，1949年3月在高莞作战牺牲	游击队队员
陈金	男	1927	兴宁县宁中	1947年秋参加九连山游击队，1949年3月4日在高陂作战牺牲	九江队指导员
何寿祥	男	1925.8	油溪镇下扬	1949年1月参加忠信武工队，同年4月在忠信作战牺牲	忠信武工队队员
曾超常	男	1922.6	大湖镇盘石	1947年12月参加部队，1949年5月在蓝口阻击战中牺牲	桂林一中队排长
周文泽	男	1927.4	内莞镇塘兴	1949年3月参加游击队，同年5月在连平县城被捕遭杀害	游击队队员
曾贞挺	男	1920.8	大湖镇盘石	1947年10月参加部队，1949年6月在连平麻陂作战牺牲	连平县大队战士

（续上表）

姓名	性别	出生时间	籍贯	参加革命时间及牺牲时间、地点	牺牲时单位及职务
黄计宝	男	1920.9	油溪镇官桥	1948年春参加游击队，1949年夏在惠阳县押送俘虏人员因公牺牲	游击队队员
范汉良	男	1931.7	元善镇前进一街	1949年夏参加地下革命工作，同年7月在陂头街被捕遭杀害	支前民工
罗杵春	男	1907	陂头镇花山	1947年8月参加部队，1949年7月遭国民党杀害	部队战士
谢崇元	男	1932.10	陂头镇夏田	1948年3月参加游击队，1949年7月在贵塘作战牺牲	游击队队员
黄育先	男	1921.7	陂头镇腊溪	1947年6月任游击队通讯员，1949年7月在腊溪被捕，同月15日在陂头遭杀害	游击队通讯员
黄育华	男	1928.2	陂头镇腊溪	1949年6月参加北江支队独立大队，同年7月在腊溪遭杀害	北江支队独立大队通讯员
欧阳珍	男	1923.2	三角镇阳江	1947年6月参加部队，1949年7月在解放龙川县龙母圩战斗中牺牲	粤赣湘边纵队独立第四团第一营机枪连连长
何惠恩	男	1930.3	大湖镇群和	1947年秋参加部队，1949年在灯塔战斗中牺牲	部队战士
麦权宜	男	1930.2	油溪镇小溪	1949年6月参加连平县大队，同年7月在陂头作战牺牲。	连平县大队战士
韦娘森	男	1929.5	油溪镇油东	1948年4月参加忠信武工队，1949年7月在陂头作战牺牲	游击队队员

（续上表）

姓名	性别	出生时间	籍贯	参加革命时间及牺牲时间、地点	牺牲时单位及职务
曾日仁	男	1928.4	绣缎镇新建	1949年6月参加县支前民工，同年8月在河源县支前牺牲	支前民工
吴火仁	男	1921.2	油溪镇大塘	1949年春参加部队，同年8月在贵东作战牺牲	部队班长
周亚三	女	1929.8	高莞镇高陂	1949年7月参加游击队，同年9月在陂头黄梅斜作战牺牲	游击队卫生员
曾锦兰	女	1928.4	绣缎镇金溪	1947年8月参加游击队，1949年9月在陂头黄梅斜抢救伤员牺牲	游击队卫生员
曾祥彬	男	1929.7	绣缎镇尚岭	1949年1月参加连平县大队，同年9月在连平执行接线任务时遭杀害	连平县大队报务员

注：（1）本表所列的同志均为在抗日战争时期、解放战争时期牺牲的烈士。属烈士但缺详细资料记载的4人（张焕道、郑树当、廖振达、张会昌）未列入本表。本表按烈士牺牲时间先后排列。

（2）以上资料由连平县民政局提供，转载自连平县地方志编纂委员会编纂的2013年1月岭南美术出版社出版的《连平县志》。

连平县革命老区村庄概况一览表

所在乡镇	所在管理区	老区村庄名称	人口（人）	耕地（公顷）	山地（公顷）	类型	备注
大湖	下礤	下礤	507	13.33	213.33	抗战时期	—
	盘石	老围	750	30	95	抗战时期	原属盘石村
		水圻头	330	20	72	抗战时期	原属盘石村
		新学塘	600	25	86	抗战时期	原属盘石村
		大屋营	330	20	70	抗战时期	原属盘石村
		下正	380	23	75	抗战时期	原属盘石村
		上下新屋	320	10.46	70	抗战时期	原属盘石村
	湖东	湖中	1060	71	230	抗战时期	原湖东村
		天湖	1350	72	240.66	抗战时期	—
		英烈	1121	71.33	230	抗战时期	—

（续上表）

所在乡镇	所在管理区	老区村庄名称	人口（人）	耕地（公顷）	山地（公顷）	类型	备注
大湖	湖西	坚毅	1202	55.39	425	抗战时期	原坚芸村
		自强	1030	55	400	抗战时期	—
	五禾	觉民	803	60	180	抗战时期	
		自觉	936	74.26	183.7	抗战时期	—
	活水	石下	557	46.26	128.53	抗战时期	从塘背村分出
	油村	自由	1316	144.46	156.46	抗战时期	—
		新园	715	28.8	16.66	解放战争时期	—
		新智	1366	70.13	140	抗战时期	—
	罗经	罗岗岭	951	42.8	114.12	抗战时期	原属罗岗岭村
		白石圹	736	33.12	88.32	抗战时期	原属罗岗岭村
		陈屋	652	30.34	78.24	抗战时期	原属罗岗岭村
		合群	701	20.3	210.3	解放战争时期	原属合群村
		曾陂围	658	19.1	197.4	抗战时期	原属合群村
		角围	571	16.6	171.3	抗战时期	原属合群村

（续上表）

所在乡镇	所在管理区	老区村庄名称	人口（人）	耕地（公顷）	山地（公顷）	类型	备注
绣缎	新建	红坡	227	9.6	112	抗战时期	原属新建村
		金斗龙	243	10.1	117.6	抗战时期	原属新建村
		黄塘	235	9.84	114.8	抗战时期	原属新建村
		茶壶耳	198	8.1	90.1	抗战时期	原属新建村
		合溪口	180	7.2	84	抗战时期	原属新建村
	塔岭	榕树下	429	20.4	8	抗战时期	从自然村分出
		上正	411	19.38	7.6	抗战时期	从自然村分出
	湖尾召	湖尾召	450	21.24	8.4	抗战时期	从自然村分出
	民主	舐头	415	26.6	128.7	抗战时期	原属民主村
		过涧	384	24.6	119.1	抗战时期	原属民主村
		水角坝	365	23.4	113.2	抗战时期	原属民主村
		上寨	412	26.4	127.8	抗战时期	原属民主村
		南屋段	409	26.2	126.8	抗战时期	原属民主村
	尚岭	小溪尾	342	17.1	260.4	抗战时期	原属尚岭村

（续上表）

所在乡镇	所在管理区	老区村庄名称	人口（人）	耕地（公顷）	山地（公顷）	类型	备注
绣缎	尚岭	尚岭	516	28.5	434	抗战时期	原属尚岭村
		陈坑角	232	11.4	173.6	抗战时期	原属尚岭村
		福吉岭	295	15.1	230	抗战时期	原属尚岭村
	红星	白圹	452	25.74	130.82	抗战时期	原属红星村
		里塘	454	25.86	131.44	抗战时期	原属红星村
		老墟岗	450	25.62	130.2	抗战时期	原属红星村
		坪塘	452	25.74	130.82	抗战时期	原属红星村
	坳头	水唇	698	33.8	312	抗战时期	原属坳头村
		牛古龙	682	32.76	302.4	抗战时期	原属红星村
		矍石	646	31.2	288	抗战时期	原属红星村
		龙颈	464	22.36	206.4	抗战时期	原属红星村
	建民	建民	326	17.53	194.2	抗战时期	—
	梅花	梅花	303	16.46	273.33	解放战争时期	—
	沙径	上栋	436	13.6	280	解放战争时期	—

（续上表）

所在乡镇	所在管理区	老区村庄名称	人口（人）	耕地（公顷）	山地（公顷）	类型	备注
绣缎	沙径	老屋	467	15.29	305.9	解放战争时期	—
	金溪	坪塘	956	59.73	306.66	解放战争时期	—
		耕塘	189	9.4	53.33	解放战争时期	—
		高坡土厂	235	10.86	66.66	解放战争时期	—
		郭屋	258	13	73.33	解放战争时期	—
三角	桐岗	松茔	551	23.5	78	抗战时期	原属桐岗村
		坳头角	390	16.02	53.19	抗战时期	原属桐岗村
		白书房	746	32.9	109.2	抗战时期	原属桐岗村
		竹头围	334	14.1	46.8	抗战时期	原属桐岗村
	向阳	崩培头	648	37.8	228.6	抗战时期	原属向阳村
		苏坑角	632	38.66	220.98	抗战时期	原属向阳村
		竹背	570	34.66	198.12	抗战时期	原属向阳村
		岗头	436	27.06	154.68	抗战时期	原属向阳村
	阳江	阳江	1820	69.06	21.25	抗战时期	原属阳江村

（续上表）

所在乡镇	所在管理区	老区村庄名称	人口（人）	耕地（公顷）	山地（公顷）	类型	备注
三角	阳江	余屋	351	11.7	3.6	抗战时期	原属阳江村
	塘背	塘背	890	51	2.4	抗战时期	原属塘背村
		更生	860	48	192	抗战时期	原属塘背村
	新村	鳌岭	519	25	100	抗战时期	—
		望楼背	441	20	80.4	抗战时期	—
		莲塘	284	12.5	50.25	抗战时期	—
	新民	新民	376	12.33	133.33	抗战时期	从望楼背村分出
	石马	石马	1159	41.66	8.66	解放战争时期	原属大湖镇下磜村
	白石	自平	1078	62.6	14.93	解放战争时期	—
		力行	434	3.73	13.33	解放战争时期	—
	石源	坑尾	352	23.73	333.33	解放战争时期	—
		石源	897	53.26	134.8	解放战争时期	—
九连	大水	曾公坛	193	3.75	339	抗战时期	从大水村分出

（续上表）

所在乡镇	所在管理区	老区村庄名称	人口（人）	耕地（公顷）	山地（公顷）	类型	备注
九连	大水	梅子坝	197	3.84	347.36	抗战时期	从大水村分出
		高坪	194	3.77	341.12	抗战时期	从大水村分出
		蓝三排	183	3.52	318.24	抗战时期	从大水村分出
		杨柳形	191	3.7	334.88	抗战时期	从大水村分出
		塘头坐	181	3.61	326.56	抗战时期	从大水村分出
		大圳下	189	3.65	330.72	抗战时期	从大水村分出
		芹菜湖	170	3.22	291.2	抗战时期	从大水村分出
		马战潭	165	3.1	280.8	抗战时期	从大水村分出
		圳顶	131	2.32	210.1	抗战时期	从大水村分出
	高湖	腊树下	277	5.68	513.76	抗战时期	从大水村分出
		天溪斜	274	5.61	507.52	抗战时期	从大水村分出
		粗石角	240	4.8	436.8	抗战时期	从大水村分出
		铁马舔	270	5.29	426.4	抗战时期	从大水村分出
		茶圳	235	4.71	488.8	抗战时期	从大水村分出

（续上表）

所在乡镇	所在管理区	老区村庄名称	人口（人）	耕地（公顷）	山地（公顷）	类型	备注
九连	高湖	饭箩墩	265	5.4	342.48	抗战时期	从大水村分出
		左坑	186	3.59	324.48	抗战时期	从小水村分出
	蕉坪	下湖竹坝	177	4.41	393.96	抗战时期	从小水村分出
		油草角	175	4.35	388.6	抗战时期	从小水村分出
		焦坪	160	3.9	348.4	抗战时期	从小水村分出
		岭顶	131	3.03	270.68	抗战时期	从小水村分出
		龙归洞	161	3.93	351.08	抗战时期	从小水村分出
		上下蕉湖	165	4.05	361.8	抗战时期	从小水村分出
		陆湖	135	0.015	281.4	抗战时期	从小水村分出
		联新	138	3.24	289.44	抗战时期	从小水村分出
	桃坪	杨梅坑	166	4.08	364.48	抗战时期	从小水村分出
		埂顶头	168	4.14	369.84	抗战时期	从小水村分出
		田龙	137	3.2	286.74	抗战时期	从小水村分出
		鲤鱼头	133	3.09	276.04	抗战时期	从小水村分出

（续上表）

所在乡镇	所在管理区	老区村庄名称	人口（人）	耕地（公顷）	山地（公顷）	类型	备注
九连	桃坪	锅凸	155	3.75	335	抗战时期	从小水村分出
		蓝屋	158	3.84	343.04	抗战时期	从小水村分出
		下营	163	3.99	356.44	抗战时期	从小水村分出
		上营	154	3.72	332.32	抗战时期	从小水村分出
		横江	147	3.51	313.56	抗战时期	从小水村分出
		上湖竹坝	134	3.12	278.72	抗战时期	从小水村分出
忠信	柘陂	李坝	340	18.29	65.1	抗战时期	原属柘陂村
		寨内	600	32.45	115.1	抗战时期	原属柘陂村
		寨下	580	31.27	111.3	抗战时期	原属柘陂村
		文馆	308	16.4	58.38	抗战时期	原属柘陂村
		麻园背	400	21.83	77.7	抗战时期	原属柘陂村
		水楼下	300	15.93	56.7	抗战时期	原属柘陂村
		老屋址	280	14.75	52.5	抗战时期	原属柘陂村
		新屋址	620	33.63	119.7	抗战时期	原属柘陂村

（续上表）

所在乡镇	所在管理区	老区村庄名称	人口（人）	耕地（公顷）	山地（公顷）	类型	备注
忠信	新下	莲圹	220	8.74	115.9	抗战时期	原属新下村
		老乡	219	8.69	115.2	抗战时期	原属新下村
		老屋	250	10.12	134.2	抗战时期	原属新下村
		上新屋	246	9.93	131.7	抗战时期	原属新下村
		水门口	245	9.89	131.1	抗战时期	原属新下村
		下新	237	9.52	126.2	抗战时期	原属新下村
		新围	251	10.16	134.8	抗战时期	原属新下村
		协和	260	10.58	140.3	抗战时期	原属新下村
		下书房	238	9.56	126.08	抗战时期	原属新下村
		白芒花	215	8.51	112.85	抗战时期	原属新下村
		楼阁	245	9.89	131.15	抗战时期	原属新下村
		桃溪	247	9.98	132.37	抗战时期	原属新下村
		竹龙	226	9.01	119.56	抗战时期	原属新下村

（续上表）

所在乡镇	所在管理区	老区村庄名称	人口（人）	耕地（公顷）	山地（公顷）	类型	备注
忠信	西湖	一村	410	11.4	102.6	抗战时期	从山子下村分出
		二村	440	12.3	110.7	抗战时期	从山子下村分出
		三村	600	16.5	148.5	抗战时期	从山子下村分出
		四村	380	10.5	94.5	抗战时期	从山子下村分出
		五村	400	11.1	99.9	抗战时期	从山子下村分出
		六村	588	17.64	158.76	抗战时期	从山子下村分出
	司前	司前寨	864	37.4	333.74	抗战时期	原属司前寨村
		竹园	290	11.96	106.6	抗战时期	原属司前寨村
		上新屋	280	11.5	102.5	抗战时期	原属司前寨村
	东升	高乾头	440	15.58	35.26	抗战时期	从小柘村分出
		上油房	380	13.3	30.1	抗战时期	从小柘村分出
		邱屋	410	14.44	32.68	抗战时期	从小柘村分出
		谷楼下	415	14.63	33.11	抗战时期	从小柘村分出
		老楼	295	10.07	22.79	抗战时期	从小柘村分出

（续上表）

所在乡镇	所在管理区	老区村庄名称	人口（人）	耕地（公顷）	山地（公顷）	类型	备注
忠信	东升	中心段	288	22.18	21.46	抗战时期	从小柘村分出
		河屋	299	10.2	23.13	抗战时期	从小柘村分出
		叶屋	365	12.73	28.81	抗战时期	从小柘村分出
	大坪	石颈	700	35.75	130	抗战时期	原属五眼桥村
		五眼桥	830	42.6	156	抗战时期	原属五眼桥村
		黄竹坑	734	37.62	136.8	抗战时期	原属五眼桥村
	中洞	上围	404	23.6	800	解放战争时期	—
		枫树下	398	23.06	600	解放战争时期	—
		坳头	362	14.66	566.66	解放战争时期	—
		鹿湖	352	14.26	533.33	解放战争时期	—
	曲圹	牛子岭	378	21.33	13.33	解放战争时期	—
		曲圹排	694	26.13	26.66	解放战争时期	—
油溪	大塘	瑶塘	765	32	13.33	解放战争时期	—
		墩开塘	314	17.2	16.66	解放战争时期	—

（续上表）

所在乡镇	所在管理区	老区村庄名称	人口（人）	耕地（公顷）	山地（公顷）	类型	备注
油溪	大塘	新老屋下	450	10.92	302.4	抗战时期	从大塘镇村分出
		黄果塘	480	9.1	252	抗战时期	从大塘镇村分出
		下书房	450	8.32	230.4	抗战时期	从大塘镇村分出
		肖屋	155	3.19	88.56	抗战时期	从大塘镇村分出
		大塘镇	428	10.4	288	抗战时期	从大塘镇村分出
	茶新	茶耳	665	15.99	442.8	抗战时期	从大塘镇村分出
		枫树墩	630	15.08	417.6	抗战时期	从大塘镇村分出
		河蓝	466	11.33	313.92	抗战时期	从大塘镇村分出
	彭田	彭田	734	17.78	492.4	抗战时期	从大塘镇村分出
		田心	398	9.56	264.9	抗战时期	从大塘镇村分出
	小溪	上下门	1287	86.59	742.2	抗战时期	从小溪村分出
		连塘	568	36.26	310.8	抗战时期	从小溪村分出
		上禾田	890	58.8	504	抗战时期	从小溪村分出
	上镇	黄屋寨	419	28	240	抗战时期	从小溪村分出

（续上表）

所在乡镇	所在管理区	老区村庄名称	人口（人）	耕地（公顷）	山地（公顷）	类型	备注
油溪	上镇	文屋	361	22.4	192	抗战时期	从小溪村分出
		朱屋	352	22.54	193.2	抗战时期	从小溪村分出
	新溪	马屋	975	33.86	912	抗战时期	—
	九潭	赖屋	656	23.93	2080	抗战时期	—
		桐坑	451	10.9	735.1	解放战争时期	从野鸭潭村分出
		蓝房坑	437	10.5	712.3	解放战争时期	从野鸭潭村分出
		九墩岭	423	10.1	689.5	解放战争时期	从野鸭潭村分出
		荒塘	409	9.8	666.7	解放战争时期	从野鸭潭村分出
		在上	435	10.5	709	解放战争时期	从野鸭潭村分出
		廉为	39	10.6	715.6	解放战争时期	从野鸭潭村分出
	长潭	河滘屋	259	11.73	470	解放战争时期	—
		中心隔	644	21	1122.66	解放战争时期	—
		里洞	438	14	683.73	解放战争时期	—

（续上表）

所在乡镇	所在管理区	老区村庄名称	人口（人）	耕地（公顷）	山地（公顷）	类型	备注
油溪	长丰	铁龙耳	756	26.73	1877.33	解放战争时期	—
		中心径	692	22.86	705.33	解放战争时期	—
高莞	二联	川龙	508	23.66	66.66	解放战争时期	—
		上新屋	448	16.66	46.66	解放战争时期	—
		黄龙新围	613	26.66	40	解放战争时期	—
		石龙百子围	495	19.66	13.33	解放战争时期	—
		白屋陈屋	548	16.66	3.33	解放战争时期	—
		湖洋老塘	718	27	30	解放战争时期	—
		曾屋廖屋	486	16.33	133.33	解放战争时期	—
	徐村	廖屋	987	23.13	281	解放战争时期	—
		楼角	384	18.2	120	解放战争时期	—
		中东	511	27.66	180	解放战争时期	—
		池村屋	355	19.4	33.33	解放战争时期	—
		下廖	703	39.46	212	解放战争时期	—

（续上表）

所在乡镇	所在管理区	老区村庄名称	人口（人）	耕地（公顷）	山地（公顷）	类型	备注
高莞	丁村	上下坑	353	14.4	200	解放战争时期	—
		新老田心	374	12.2	18.66	解放战争时期	—
		下楼	640	25.4	243.33	解放战争时期	桅杆屋并入
	中平	铜锣坝	354	9.6	4.33	解放战争时期	—
		新兴围油房屋	650	21.86	14	解放战争时期	—
		初听围寨	476	14.6	12	解放战争时期	—
		城屋	556	22.06	11.33	解放战争时期	—
		大树下	330	9.06	4.46	解放战争时期	—
		上福堂义新屋	423	13.4	7.46	解放战争时期	—
	高陂	凌屋老乡	611	18.35	19.33	解放战争时期	—
		黄坑陈屋	574	15.42	38.66	解放战争时期	—
		茶耳茶子岗	724	20.13	86.66	解放战争时期	—
	右坑	右坑	359	13.13	333.33	解放战争时期	—
	河西	环圹围杭塅	586	15.61	66.66	解放战争时期	—

（续上表）

所在乡镇	所在管理区	老区村庄名称	人口（人）	耕地（公顷）	山地（公顷）	类型	备注
高莞	河西	大塘下圳老新	396	11.13	120	解放战争时期	—
		和合屋新建	658	15.8	166.66	解放战争时期	—
	西南	周老斗墙	510	16.6	110	解放战争时期	—
		瓦瑶余屋	423	13.11	23.33	解放战争时期	—
		过路屋牛屎坑	504	17.76	43.33	解放战争时期	—
	蓝州	上蓝	896	46	1240	解放战争时期	—
		下蓝	794	46.53	1293.3	解放战争时期	—
		周公坡	314	14.57	347	解放战争时期	从下蓝村分出
	小洞	上小洞	280	24.75	337.5	解放战争时期	—
		下小洞	210	17.82	243	解放战争时期	—
		田来塘	137	10.6	144.45	解放战争时期	—
	塘兴	岩背	390	28.8	216	解放战争时期	—
		下塘	586	42.86	324.45	解放战争时期	—
		矸塘	587	44.26	302.4	解放战争时期	—

（续上表）

所在乡镇	所在管理区	老区村庄名称	人口（人）	耕地（公顷）	山地（公顷）	类型	备注
内莞	大陂	大陂	857	53.6	431	解放战争时期	—
	显村	显村	310	22.6	101.33	解放战争时期	—
	莞中	昌田	630	46.53	310	解放战争时期	—
田源	田西	梅洞口	643	124.26	40.2	解放战争时期	—
		大路背	701	136.4	50.53	解放战争时期	—
		楼角	526	103.63	33.93	解放战争时期	—
	田东	虾笏塘	621	38.86	635.73	解放战争时期	—
		四角楼	435	31.13	538.13	解放战争时期	—
		白石湖	676	45.06	609	解放战争时期	—
	新河	淡洞	353	54.4	1212.33	解放战争时期	—
		新洞	346	56.33	1186	解放战争时期	—
		河头	597	77.46	2073.93	解放战争时期	—
	永吉	下洞	717	99.26	203.06	解放战争时期	—
		上洞	725	98.53	193.86	解放战争时期	—

（续上表）

所在乡镇	所在管理区	老区村庄名称	人口（人）	耕地（公顷）	山地（公顷）	类型	备注
田源	永吉	徐屋	417	56.73	116.06	解放战争时期	—
	金树	金树	721	96.66	206	解放战争时期	—
	长翠	坑尾头	402	59.46	109.06	解放战争时期	—
		马祠堂	910	137.6	252.26	解放战争时期	—
		下新屋	681	109.33	187.8	解放战争时期	—
溪山	百高	下塘	620	33.13	266.66	解放战争时期	—
		东片	571	30.9	200	解放战争时期	—
		西片	711	34.9	133.33	解放战争时期	—
	溪西	黄牛背	447	21	116.66	解放战争时期	—
		坭坡头	971	48.62	142	解放战争时期	—
		罗田坳	550	33.3	301.66	解放战争时期	—
	东水	沙塘片	915	48.46	210	解放战争时期	—
		新联片	774	37.93	170	解放战争时期	—
		三联片	855	39.73	230	解放战争时期	—

（续上表）

所在乡镇	所在管理区	老区村庄名称	人口（人）	耕地（公顷）	山地（公顷）	类型	备注
溪山	东水	船洞片	205	10.8	127.2	解放战争时期	—
	马洞	罗网寨	246	13.6	53.33	解放战争时期	—
隆街	百叟	白叟	2119	122.46	130.6	解放战争时期	—
	龙埔	活水	2051	74.13	81.13	解放战争时期	—
		埔张	324	18.2	19.66	解放战争时期	—
		埔李	429	19.53	20.46	解放战争时期	—
		潘屋	460	17.66	16.46	解放战争时期	原泮屋村
		江屋	490	24	25.46	解放战争时期	—
		下东	508	25.06	26.33	解放战争时期	—
		倒流水	415	20.33	20.8	解放战争时期	—
		薛屋	394	19.6	20.26	解放战争时期	—
		源塘	401	20.33	21.8	解放战争时期	—
	岑告	坳头	321	15	15.8	解放战争时期	—
		新屋	632	24.13	23.6	解放战争时期	—

（续上表）

所在乡镇	所在管理区	老区村庄名称	人口（人）	耕地（公顷）	山地（公顷）	类型	备注
隆街	岑告	叶屋	391	17.13	18.86	解放战争时期	—
		大路下	234	9.2	11.66	解放战争时期	—
		高围	355	18.46	19.73	解放战争时期	—
		泥洞	244	9.26	13.13	解放战争时期	—
上坪	中村	荷树下	696	19.53	646	解放战争时期	—
		下排	647	26.33	597	解放战争时期	由石阶下、排子村合并
		新社	758	40.2	708	解放战争时期	由新田径、茶墩、社背村合并
	小水	新洞	483	26.2	604	解放战争时期	—
		河背	355	19.86	433.44	解放战争时期	原田心村并入
		十二排	317	23.4	700.8	解放战争时期	原龙子下村并入
	新镇	上正	1481	70.66	1431	解放战争时期	—
	东阳	老屋下	473	19.42	472.53	解放战争时期	—
		竹园围	396	13.58	390.4	解放战争时期	—

（续上表）

所在乡镇	所在管理区	老区村庄名称	人口（人）	耕地（公顷）	山地（公顷）	类型	备注
上坪	东阳	半坑	707	29.46	559	解放战争时期	原水口村并入
	布联	上排	696	29.46	559.33	解放战争时期	—
		下排	601	22.13	661.2	解放战争时期	—
	惠西	下拱	514	24.54	451.73	解放战争时期	由西和、西园、欧村并入
		桥子下	293	10.3	245.46	解放战争时期	—
		岭下	341	14.18	290.26	解放战争时期	—
		拱下	1309	53.86	1315.73	解放战争时期	—
		黄坑	164	5.2	151.86	解放战争时期	—
	下洞	烂泥径	295	10.77	318	解放战争时期	—
		过路庄	655	24.6	726	解放战争时期	原余坑村并入
		黄屋	435	16.46	486	解放战争时期	—
		黄板坑	272	9.89	322.66	解放战争时期	—

（续上表）

所在乡镇	所在管理区	老区村庄名称	人口（人）	耕地（公顷）	山地（公顷）	类型	备注
崧岭	长沙	新老围	950	64.06	2466.66	解放战争时期	—
		四角楼	430	28	800	解放战争时期	—
		新塘江楼	650	41.66	1200	解放战争时期	—
		水潭面	480	31.66	1060	解放战争时期	—
		上下罗湾寨	580	36.66	1060	解放战争时期	垠围村并入
	沙心	大围上下田心	725	44.66	1125	解放战争时期	—
		新上下圳	570	33.33	901.33	解放战争时期	—
		黄粉朝洋围	835	51.66	1308.33	解放战争时期	甘树坪
		水尾楼水龙楼大坪	665	39	1063.33	解放战争时期	—
陂头	资溪	水口	603	30	133.33	解放战争时期	—
		高墩	551	29.4	126.66	解放战争时期	—
		上坝	440	36.66	140	解放战争时期	—
		中围	451	26.8	133.33	解放战争时期	—

（续上表）

所在乡镇	所在管理区	老区村庄名称	人口（人）	耕地（公顷）	山地（公顷）	类型	备注
陂头	三水	瑞进	902	44.2	46.66	解放战争时期	—
	分水	分水坳	1085	49.2	53.33	解放战争时期	—
	夏田	老围	820	39.13	106.66	解放战争时期	—
		杨屋	852	50.1	186.66	解放战争时期	—
		径口	804	39.26	113.33	解放战争时期	—
		松秀	795	41.8	93.33	解放战争时期	—
	连光	上洋	882	40	142.1	解放战争时期	—
		上围	762	36.1	148.86	解放战争时期	—
		坝下	663	30.8	141.46	解放战争时期	—
贵东	贵圹	上庄	1059	70.1	1168.1	解放战争时期	—
		下庄	1250	74.4	1029.26	解放战争时期	—
	圹田	三坑	468	32.8	1401.33	解放战争时期	—
		邓屋	331	22.06	734.66	解放战争时期	—
		范屋	301	22.8	669.33	解放战争时期	—

（续上表）

所在乡镇	所在管理区	老区村庄名称	人口（人）	耕地（公顷）	山地（公顷）	类型	备注
贵东	蒲田	坪田	335	34.06	1334	解放战争时期	—
		蒲屋	455	33.33	1336.66	解放战争时期	—
		蓝屋	340	28.06	1334.66	解放战争时期	—
	大华	新老围	385	28.6	647	解放战争时期	—
		船形	383	28.46	653.33	解放战争时期	—
		中洞	384	28.33	646.66	解放战争时期	—
	花山	上胡	397	24.6	666.7	解放战争时期	—
		水口	273	16	600	解放战争时期	—
		下湖	283	17.87	533.33	解放战争时期	—

注：以上为1990年统计数字。

大事记

1938年

夏　曾振伦、曾方如等在湖东小学成立青年抗敌后援会。

1939年

冬　中共东江特委领导的东江华侨回乡抗日服务团龙和队共20多人，在队长颜硕民、党支部书记黄德明领导下，先后在大湖、忠信等地开展宣传抗日、传播马克思列宁主义、举办夜校等工作。

1940年

4月　东江华侨回乡抗日服务团龙和队中共党支部吸收油溪大塘小学校长吴泓生为中共党员，这是连平最早的党员。

6月　湖东小学党小组成立，这是连平县第一个党小组。

9月　中共湖东小学党支部成立，党支部书记张仁安。这是连平县第一个党支部。

1941年

2月　连平县第二个党支部——弘毅小学党支部在大湖弘毅小学成立。

同月 在大湖镇湖西村迴龙庵小学成立中共连平县工作委员会。

1942年

8月 因驻扎在韶关的中共粤北省委于当年5月间遭受破坏，连平县党组织根据上级指示停止公开活动，进入地下活动时期。

1943年

3月 成立大湖农民协会。

夏 抗日战争形势发生变化，外地中共党员接受新的任务，陆续离开忠信、大湖地区。

1944年

春 华南小学教师、地下党员邓基、何达文、罗楚生谱写了《华南小学校歌》，在忠信柘陂村掀起轰轰烈烈的抗日宣传活动。

1945年

6月7日 入侵连平县陂头的一股日军100多人窜至普安村时，被该村村民击退。在战斗中，共歼日寇30多人，其中素有"神枪手"之称的该村猎人谢泮飘一人就击毙、击伤日寇20多人。

夏 忠信、大湖等地中共组织恢复活动。

10月 中共连和县工作委员会成立。

同月 根据中共中央和东江纵队党委的指示，为对付国民党军队的进攻，保存力量，东三支队挺进九连山。是月3日，这支部队从惠阳镇隆起程。30日，经忠信中洞，到达大湖。其番号对外称"九连山区人民自卫总队"。

11月21日　国民党六十三军一五二师纠集两省（广东、江西）四县（连平、和平、龙南、定南）反动地方武装，分别从和平的热水、青州、浰源和连平的上坪等地分四路"围剿"东三支队。该支队依靠地方党组织和人民群众，采取避实就虚、分散活动、出击外线等战术，粉碎了国民党军队的"围剿"。

1946年

3月下旬　东江纵队北江支队一个中队在郑大东等的率领下，在惠化曲塘袭击国民党军车4辆，歼敌一个连，俘获敌广东水陆交通总队少将总队长胡伟杰等官兵80多人（经教育后释放），缴获长、短枪73支，子弹5000多发，其他物资一批。

春　连南游击队成立，队长叶少雄。

春　贵塘、贵东开展游击活动，组建了北极游击小组。该小组对外称"冬防队"，队长邱钦佑，他们用公开和秘密的方式打击国民党反动派。

5月　东三支队根据上级的部署，研究部队北撤的三个问题：一是确定留在九连山坚持斗争的骨干。为了不让敌人钻空子，北撤部队开往山东烟台以前要绝对隐蔽。二是确定随同部队北撤的地方党员、干部。三是因人数限制不能北撤以及体弱有病的人员，另作安置。

同月　成立中共九连山区临时工作委员会，书记吴毅（又名曾志云），副书记王彪。

6月9日　东三支队离开九连山，前往翁源与兄弟部队会合，南下大鹏湾，尔后开赴山东烟台。

同月　东三支队留下的58人，从江西全南乌柏坝折回江西定南、龙南两县交界的深山之中隐蔽，半个月后，转移到九连山广东境内一侧继续隐蔽。

夏 国民党广州行辕主任张发奎率警卫营到连平活动。

8月 贵东成立了大华农民协会。该会成立后，开展了减租减息斗争。

9月 留在九连山坚持斗争的东三支队58名指战员在和平县东水乡深山的赵公庙集中，总结三个月的斗争经验，研究以后的斗争策略，决定恢复武装斗争，并公开打出"东江纵队复员军人自卫队"的旗号进行活动。

同月 中共大湖总支委员会成立。

秋 粤赣湘"剿匪"总指挥叶肇到连平活动。

1947年

2月24日 龙景山、郑大东率江北人民自卫总队攻入隆街，破仓分粮3500多担。

同月 中共九连地区工作委员会（简称"九连工委"）成立，书记严尚民，政委魏南金、钟俊贤，委员吴毅、郑群、黄中强。

3月 郑大东率游击队在溪山软坑伏击国民党连平县大队谢岳臣一个连，击毙6人，击伤10人，缴获步枪10余支，子弹100余发。

4月 江北人民自卫总队黄祥率游击队员6人，在惠化曲塘伏击国民党军车1辆，俘获8人，缴获机枪1挺、步枪数支。

6月11日 吴毅率游击队100余人攻打国民党忠信区公所，激战3个多小时，未克，部队撤回九连山。

6月24日 根据九连工委书记严尚民的指示，在青州斜禾咀成立追击队。

6月24日至7月14日 九连工委在和平青州举办第一期青年干部训练班，该班指导员邓基，班主任黄柱昌，学员来自连平大湖、忠信、隆街及河源三河等地。

7月30日　在青州成立鸿雁队，队长曾坤延，指导员吴建昌。

8月12日　国民党一五二师一个营、国民党广东省保安第五团一个营、连平县警队、新丰县警队共1400余人，分四路包围岑窖。正在岑窖等地活动的江北人民自卫总队飞虎队、钢铁连、群英队、武工队、东北队等展开英勇还击，粉碎了国民党军队的合围。

10月　田源农民协会成立。

12月中旬　珠江队、九江队、鸿雁队等部队指战员共200余人，攻打三角乡"阳隆和"，缴获长、短枪80多支，其他物资一大批。

同月　五果村农民协会成立。

同月　国民党连平县县长梁英华率县大队及陂头联防队共200余人"扫荡"贵东，游击队联合贵东民兵进行还击，粉碎了敌人的"扫荡"。

1948年

2月初　国民党和平县警队100余人骚扰大湖，在塔岭遭到鸿雁队和民兵的有力打击。共产党员、民兵队长曾亚我牺牲。国民党和平县警队又窜到金斗龙纵火烧房，抢劫财物。

同月　大湖乡黄岩、尚岭、新建、盘石、三口塘、石板滩等10余个村成立农会。

3月5日　大湖乡18个村农会会长在盘石新屋围集会，成立农会总会，选举了农会总会正、副会长。

3月9日　游击队和大湖民兵3000多人在大湖中心坝接受当地地下党和人民武装部队领导检阅。

3月11日　国民党广东省保安第五团一部、和平县警队共400余人"扫荡"大湖。大湖军民数千人手持刀枪棍棒、肩扛土炮上阵，展开第一次大规模反"扫荡"。同日，国民党新丰县保安团、连平县大队、隆街联防队等1000余人包围梅洞口。两名游击队员和数十名民兵、群众展开还击。因寡不敌众，结果13人被捕（其中12人被杀害），游击队员叶箩娇、叶房兴牺牲，群众财物被劫，民房被烧10余间。

3月30日　国民党反动派调集广东省保安第五团、和平县警队等部队，兵力共700多人，从连平忠信、和平眼坑两路包抄"扫荡"大湖。大湖军民出动1000多人，展开第二次大规模反"扫荡"。

同月　大湖乡农会总会散发《告忠信同胞书》，号召人民群众团结起来，与国民党反动派作斗争。

4月1日　国民党连平县大队100多人包围湖西上石板滩。上石板滩民兵、群众奋起抗击。战斗持续了6个多小时。敌人无法攻入，撤围而去。

4月22日　国民党正规军九十二旅二七六团蔡绍达营百余人"围剿"田源、新河。江北人民自卫总队飞虎队指导员叶连鸣被捕后遭杀害。

同月　曾志云率鸿雁队40余人到内莞开辟新区。

6月3日　在水西战斗中，江北人民自卫总队飞虎队队长叶少雄，班长朱承养，战士谢接勋、潘绪木、周文发等牺牲。

6月20日　中共九连地区工作委员会改设为九连地区委员会（简称"九连地委"），书记魏南金，副书记钟俊贤。九连地委下辖和东、连和、河西、河东区工委。

6月30日　在大田战斗中，歼敌一个班，缴获机枪1挺、步枪10余支。桂林队战士曾荣资、罗胡伟、曾招廉、曾王贵、曾亚广等牺牲。

9月15日　在青州下礤战斗中，中国人民解放军粤赣边支队一中队指导员吴建昌牺牲。

10月24日　成立中共大湖工作委员会（简称"大湖工委"）。同时，大湖工委成立两个直属短枪队。

同月　中共新（丰）连（平）河（源）龙（门）边区委员会成立，下辖这四县的边区党组织。书记卓扬，副书记龙景山。

秋　根据粤赣湘边区纵队副政委梁威林的指示，在和平青州组成了上坪工作队，随即开赴连平上坪活动。

11月15日　在大湖狮脑山战斗中，全歼广东省保安第一团第三营第十连（冯志强连），缴获机枪5挺，掷弹筒5支，长、短枪50余支，手榴弹50多枚，子弹2000多发，军毡40多张。中国人民解放军粤赣边支队主力三团战士朱振汉等7人在战斗中牺牲。

1949年

1月1日　连和县人民政府在和平青州成立。

同日　中国人民解放军粤赣湘边纵队成立，粤赣边支队改编为该纵队东江第二支队（下称"东二支"）。

同月　在贵东街成立第二大队，隶属于中国人民解放军粤赣湘边纵队北江第一支队。

2月3日　解放白云楼。至此，大湖乡全境解放。

同月5日　大湖乡行政委员会成立，隶属连和县人民政府。

同月　上坪工作队改组为连东工作队，队员近30人，由林若任总负责人，赴上坪开展革命活动。

3月2日　东二支三团解放高陂乡。

3月10日　东二支三团解放上坪乡，林若率连东工作队破仓分粮500担。

4月11日　解放下坪乡。

4月14日　解放内莞乡。

5月24日 解放三角乡。

5月26日 解放忠信镇。同日，解放隆街镇。

6月2日 连（连平）和（和平）县人民政府分家。中共连平县委员会、连平县人民政府在忠信长安旅店同时成立。

6月21日 连平县城解放。

6月25日 连平县人民政府办公地址由忠信长安旅店迁至连平县城凤阳书院，连平县人民政府接管旧政权。

6月26日 连平县人民政府发布《告连平县同胞书》。

6月下旬 成立东二支五团。

同月 连平县公安局成立。

7月 一区、三区、四区3个区人民政府先后成立。

8月1日 连平县人民政府颁布征收公粮的决定。

同日 北江第一支队独立第二大队划归东二支领导。

9月10日 连平县人民政府在忠信洋塘岗举行万人迎军大检阅，盛况空前。

9月16日 中国人民解放军南下大军十五兵团经贵东南下，当天解放了陂头。接着，成立了陂头区人民政府。至此，连平县全境解放，连平人民从此迈进了社会主义时代。

9月中旬 中国人民解放军南下大军经过大湖、忠信，人民群众献粮、献物，慰劳人民解放军。

10月1日 中共连平县委员会、连平县人民政府在县城召开了各界群众大会，热烈庆祝中华人民共和国成立，会后举行盛大游行。

后记

按照中国老区建设促进会和广东省老区建设促进会的部署，《连平县革命老区发展史》的编纂工作于2017年10月开始。连平县委、县政府高度重视《连平县革命老区发展史》的编纂工作，成立编纂委员会，由县委书记任编委会主任，县长和有关县领导担任编委会副主任，并专设编辑部，从组织领导和经费开支等方面给予了有力保障，使编纂工作得以顺利进行。

县委办公室和县政府办公室以及组织、宣传、党史、县志、档案、统计、文化、民政、发改等部门，为编写人员提供了大量准确、可靠、丰富的史料文献。一些离退休老干部主动提供了有关史料。本书的史料参阅了中共连平县委党史研究室编纂的《连平县革命斗争史》《中国共产党连平县地方史（第二卷）》《连平县党史资料汇编》《连平烈士传》，以及连平县县志办公室编纂的《连平县志》等。为此，谨向为《连平县革命老区发展史》编纂工作提供有力支持和帮助的各级领导、各部门及提供史料和图片的有关人士表示衷心的感谢。

由于连平县隶属关系几经变更，县城多次搬迁，因而档案资料多有散失、遗缺不全。同时，编写人员的水平能力有限，本书疏漏之处在所难免，恳请读者批评指正。

《连平县革命老区发展史》编委会

2021年10月

广东人民出版社　党政精品图书

围绕中心，服务大局，做最具高度、深度和温度的主题出版物

中宣部主题出版重点出版物

《中华人民共和国通史》（七卷本）

· 全国第一部反映中华人民共和国70年光辉历程的多卷本通史性著作
· 中央党校、中央党史和文献研究院权威专家倾力打造

《账本里的中国》

一册册老账本，串起暖心记忆，讲述你我故事，体味民生变迁。

《全国革命老区县发展史丛书·广东卷》

· 挖掘广东120个革命地区的红色记忆
· 中国老区建设促进会牵头组织

《红色广东丛书》

· 广东省委宣传部重点主题出版物
· 传承红色基因，弘扬革命精神

本书配有智能阅读助手，为您1V1定制

《连平县革命老区发展史》阅读计划

帮助您实现"时间花得少，阅读体验好"的阅读目的

建议配合二维码一起使用本书

您可根据自己的学习需求，量身定制专属于您的阅读计划：

阅读服务方案	阅读时长指数	为您提供的资源类型	帮助您达到以下学习目的
1. 高效阅读	阅读频次 较低　每次时长 较短　总共耗费时长 ■■	总结类	快速学习和掌握红色精神。
2. 轻松阅读	阅读频次 较高　每次时长 适中　总共耗费时长 ■■■	基础类	简单了解革命老区的历史。
3. 深度阅读	阅读频次 较高　每次时长 较长　总共耗费时长 ■■■■	拓展类	继承和发扬红色精神，推动老区发展。

针对您选择的阅读计划，您可以享受以下权益：

立刻获得的主要权益

▶ **专享本书社群服务**：提供创造价值与私密的深度共读服务，群内分享阅读干货，发起话题探讨
▶ **1套阅读工具**：辅助您高效阅读本书，终身拥有

每周获得的主要权益

▶ **专属热点资讯**：16周社科文学类资讯推送，每周2次
▶ **精选好书推荐**：16周文学社科热门好书推荐，每周1次

长期获得的主要权益

线下读书活动推荐：精选活动，扩充知识开拓视野不少于1次

抢兑礼品：免费抽取实物大礼不少于2次限时抽类

微信扫码

添加智能阅读助手

只需三步，获取以上所有权益：
1. 微信扫描二维码；
2. 添加智能阅读助手；
3. 获取本书权益，提高读书效率。

❶ 鉴于版本更新，部分文字和界面可能会有细微调整，敬请包涵。